2 €

Vida & Obra

Goya

LIBSA

C/ San Rafael, 4
28108 Alcobendas. Madrid
Tel. (34) 91 657 25 80
Fax (34) 91 657 25 83
e-mail: libsa@libsa.es
www.libsa.es

COLABORACIÓN EN TEXTOS: F. Aribau, F. Ruidera, L. Altafuya, R. Castillo y X. Costaneda
EDICIÓN: Equipo editorial Libsa
DISEÑO DE CUBIERTA: Equipo de diseño Libsa
MAQUETACIÓN: DyCG Gráfico y equipo de maquetación Libsa
ILUSTRACIONES: Archivo Libsa

ISBN: 978-84-662-1877-1

Contenido

La vida de Goya

Nacido en Fuendetodos, Zaragoza (España) el 30 de marzo de 1746, Francisco de Goya y Lucientes ha sido uno de los pintores y grabadores más destacados en la historia del arte. Le tocó vivir una época convulsa, marcada por los intensos cambios: nacido en el Antiguo Régimen, vio cómo cambiaba el concepto del mundo a raíz de la Revolución francesa. El círculo de sus amistades estuvo compuesto por intelectuales y artistas que padecieron como él los avatares de los tiempos.

Aunque su obra manifestó calidad desde sus inicios, fue adquiriendo solidez con el paso de los años. Aprendió el oficio en el taller de pintura de una academia a la que se accedía después de los estudios primarios. Su capacidad artística y su magnífica intuición le permitieron cultivar todas las corrientes y técnicas de la época, hasta que llegó a constituirse en el pilar de los movimientos estéticos que se impondrían muchos años después de su muerte. Y se puede afirmar que aunque la fortaleza de su carácter fue un inconveniente en ocasiones, también desempeñó un importante papel en su carrera, pues jamás se arredró ante ninguna dificultad.

Al uso de la época, contrajo matrimonio de conveniencia con Josefa Bayeu. No fue la única mujer de su vida, pero permanecieron unidos hasta que ella falleció. Amó tiernamente a sus hijos, de los cuales sólo sobrevivió Javier. Después de sufrir un tremendo desengaño en los supuestos (nunca demostrados) amoríos con la duquesa de Alba, volvió a establecer otra intensa relación sentimental con una joven, Leocadia Zorrilla, con la que vivió la última etapa de su vida.

El padre del futuro pintor, Braulio José Goya y Franque, era maestro dorador, por lo que siempre vivió rodeado en cierta manera de elementos artísticos. Por las manos de su padre pasaban los cuadros de los artistas zaragozanos que habían de ser enmarcados; de hecho, estuvo encargado de revisar los dorados de las esculturas. Cuando Francisco de Goya vino al mundo, ya habían nacido sus hermanos Rita, Tomás y Jacinta; después de él nacieron Mariano, también fallecido en la infancia, y Camilo, que se hizo sacerdote. De aquellos primeros años de escolarización inicial procede la relación con Martín Zapater y Clavería, su sempiterno amigo, con quien se carteó durante largos años. La correspondencia de Goya con este amigo constituye un testimonio biográfico inapreciable.

AUTORRETRATO
1815. Óleo sobre lienzo, 46 x 35 cm
Museo del Prado, Madrid

Autorretrato
Hacia 1795-1797. Óleo sobre lienzo, 18 x 12,2 cm
Museo del Prado, Madrid

Se ha dicho que el párroco del pueblo natal de Goya fue una de las primeras personas en percatarse de su temprana facilidad para el dibujo y que permitió al chico, probablemente durante alguna de sus estancias veraniegas en el pueblo, participar en la decoración de la iglesia de Fuendetodos. Su intervención en las pinturas del Armario de las Reliquias de la sacristía data de 1762-1763, es decir, de cuando Goya contaba con unos 17 años, pero aquella obra, como el resto de la decoración de la parroquia, quedó destruida durante la Guerra Civil de 1936. Sólo se conoce una obra anterior, la copia de una pintura de Cortona, *Tobías y el ángel,* realizada en 1762 seguramente como parte de su aprendizaje. El mismo sacerdote se atribuyó el haber informado de la valía del joven Goya al conde de Fuentes, Joaquín Pignatelli de Aragón y Moncayo, y que tal recomendación fue decisiva para su ingreso en 1759 como aprendiz en la Academia de Dibujo de José Luzán Martínez, que gozaba de la protección del conde en Zaragoza. Las grandes obras contaron con la protección de los pintores y mecenas que comenzaban a formar un círculo artístico en la capital zaragozana.

¿Josefa Bayeu?
Hacia 1798. Óleo sobre lienzo, 82 x 58 cm
Museo del Prado, Madrid

El pintor Francisco Bayeu
1795. Óleo sobre lienzo,
113 x 84 cm
Museo del Prado, Madrid

Goya aprendió con el maestro José Luzán desde 1759 hasta 1763, ayudando a mezclar colores, a restaurar cuadros antiguos y a copiar grabados, método que se utilizaba en las escuelas italianas de la época. A la academia del maestro Luzán llegaban toda clase de encargos y él mismo fue autor de cuadros de gran formato y de decoraciones murales en catedrales e iglesias de Aragón y La Rioja. Aunque su estética barroca estuviera ya algo desfasada, era un buen conocedor del arte rococó, un maestro de cualidades reconocidas y el pintor más acreditado de la Zaragoza de su tiempo.

Amistad con los Bayeu

Francisco Bayeu, el más aventajado de los discípulos de Luzán, superó pronto a su maestro y consiguió trasladarse a la capital del reino gracias al apoyo de Antonio González Velázquez. Bayeu había sido llamado a Madrid en 1763 para ayudar al prestigioso representante del idealismo clasicista Antón Rafael Mengs, pintor del rey Carlos III, en la decoración con frescos del Palacio Real. En aquel mismo año, Francisco Bayeu sería nombrado académico de mérito de la Real Academia de Bellas Artes de San Fernando y su meteórica carrera le abriría las puertas de un brillante porvenir. En 1763, Goya trató de abrirse camino en Madrid, con vistas a obtener una beca de la Academia de Bellas Artes que le permitiera financiar un viaje a Italia, pero fracasó dos veces consecutivas. Aunque no perdió la esperanza de conseguir dicha beca.

En la época del motín de Esquilache, Goya presenció todo este revuelo y participó en él cuando se extendió a Zaragoza, durante una estancia del pintor en la ciudad, a la que habría acudido para hacer su primera pintura al fresco, *Exaltación del nombre de Jesús*, en el colegio de la Compañía de Jesús en Alagón (Zaragoza). Los cuatro años siguientes escasean los datos sobre el joven pintor, que seguramente permaneció en Madrid, alojado en la calle del Reloj, en la casa-taller de Francisco Bayeu, donde continuaría perfeccionando su arte

La visitación de la Virgen a Santa Isabel
Hacia 1773-1774.
Fresco
Monasterio de la Cartuja Aula Dei (Aragón)

junto con Ramón y aprendiendo de los trabajos que Mengs y Giovanni Battista Tiépolo, los pintores más sobresalientes de la corte, realizaban para el Palacio Real. También realizó por aquellas fechas algunos pequeños encargos, como *Aparición de la Virgen del Pilar a Santiago y los convertidos* y *La Triple Generación* o *La Sagrada Familia*. Otras obras anteriores a su viaje a Italia fueron *El descanso de la huida a Egipto* y *El llanto ante el cuerpo muerto de Cristo*. En 1770 el joven Goya se autofinanció el viaje a Italia, y durante los catorce meses que se ausentó de España hizo un completo recorrido por aquel país. No asistió a ninguna de las academias de moda y más bien se dedicó a estudiar por su cuenta obras de arte de la Antigüedad y de maestros del barroco y el renacimiento.

Una de las pocas noticias documentadas de la estancia de Goya en Italia fue su concurrencia en 1770 al concurso organizado por la Academia de Bellas Artes de Parma con el tema titulado *Aníbal vencedor, que mira por primera vez Italia desde los Alpes*.

Matrimonio con Josefa Bayeu

El día 25 de julio de 1773 Goya contrajo matrimonio con Josefa Bayeu y Subías, la hermana de su protector. Francisco Bayeu disfrutaba ya de la exitosa carrera que se había abierto en Madrid y era el cabeza de la familia tras la muerte de sus padres. El día 3 de enero de 1775 la joven pareja partió hacia Madrid, con su primer hijo, para instalarse en la casa de Francisco Bayeu. Del matrimonio con Josefa hay escasas noticias, a excepción de unas pocas menciones a ella en las cartas a Zapater, en las que su marido se refiere a ella como «la Pepa» y en las que sólo habla de sus embarazos y enfermedades.

Nadie sabe si el motivo por el que Goya contrajo este matrimonio fue el interés, por el respaldo que pudiera dar Francisco Bayeu a su carrera, o la conveniencia al uso de la época, pero lo que sí resulta obvio es que la pareja atravesó momentos difíciles debido a los amoríos conocidos del pintor.

En cuanto a los hijos, uno tras otro iban muriendo. De los ocho que tuvieron, sólo sobrevivió el último, Javier, que nació en 1784, cuando el pintor contaba con 38 años de edad. Su único nieto, Mariano, caló profundamente en el corazón de su abuelo.

Cartones para tapices

La tutela de Francisco Bayeu proporcionó a Goya una oportunidad única para consagrarse como pintor. El cuñado, además de recomendárselo a Mengs, que acababa de hacerse cargo de renovar la producción de tapices de la Real Fábrica, se responsabilizó de sus primeras cinco entregas, que fueron ejecutadas «bajo su dirección por Francisco de Goya». La producción de Goya para esta manufactura fue ingente: realizó 63 en los casi 17 años que figuró entre los pintores de cartones para tapices.

Hasta el momento en que Mengs se encargó de la dirección artística de la Real Fábrica de Tapices de Santa Bárbara, la producción nacional copiaba los estilos flamenco y holandés, pero este pintor creía necesario que los tapices tuvieran un cariz más español y por ese motivo propuso renovar las colecciones, contratando a jóvenes pintores que fueran capaces de tratar temas de la «vida

La riña en la Venta Nueva

1777. Óleo sobre lienzo, 275 x 414 cm. Museo del Prado, Madrid

El conde de Floridablanca y Goya
1783. Óleo sobre lienzo,
262 x 166 cm
Banco de España, Madrid

española». Una vez confeccionados los tapices, los cartones se almacenaban en los sótanos del Palacio Real, donde permanecieron hasta 1870.

Carlos III prefirió para los Reales Sitios escenas más alegres y festivas. Y en la Europa prerrevolucionaria se había puesto de moda la exaltación del estilo de vida de las clases populares. Es el caso de majos y majas con sus trajes típicos, fiestas populares, labores campesinas y oficios artesanos, todo ello en un tono idílico, sin ahondar en la denuncia y la crítica, al contrario de lo que hacían los escritores por las mismas fechas.

La primera serie de cartones de Goya está consagrada a la caza: *Perros y útiles de caza*, *Caza con reclamo*, *Cazador cargando su escopeta* o *El cazador con sus perros*. En cuanto a las escenas campestres, en *La merienda*, entregado en 1776 y el primero de la serie y de los realizados por el pintor sin la tutela de Bayeu, el grupo de majos y majas que merienda a orillas del Manzanares está tomado del natural y es un buen ejemplo del extremado cuidado que ponía Goya en la preparación de los personajes y sus vestimentas aunque, como el siguiente cartón, *Baile a orillas del Manzanares*, evidencie todavía cierta vacilación del autor.

En abril de 1777, una enfermedad interrumpió los trabajos de Goya para la Real Fábrica de Tapices de Santa Bárbara. El 28 de julio del año siguiente se anunciaba en la *Gaceta de Madrid* la publicación de «nueve estampas dibujadas y grabadas al aguafuerte por don Francisco de Goya». Se trataba de copias de algunos de los cuadros de Velázquez pertenecientes a la colección real.

Años más tarde Goya declaró que no conocía otros maestros que «Velázquez, Rembrandt y la naturaleza». De Diego Velázquez aprendió a plasmar la luz y el aire; y de Rembrandt heredó su gran maestría en el grabado. Incluso el propio Goya utilizó los retratos regios de Velázquez como modelo para los suyos, hasta el punto de que llegó a autorretratarse, como hiciera Velázquez en *Las meninas*, en obras como *El conde de Floridablanca y Goya* o *La familia de Carlos IV*.

Aún no había acabado Goya de realizar los cartones para el comedor de los príncipes de Asturias en El Pardo, cuando le encargaron nuevas series, esta vez para las estancias que servían de dormitorios de los mismos príncipes. Con la primera de las entregas para el dormitorio, *El ciego de la guitarra*, salió a la luz la discrepancia que Goya mantenía con la Real Fábrica de Tapices, pues el cartón le fue devuelto debido a que su realización resultaba demasiado complicada.

Ingreso en la Academia

La maestría que iba adquiriendo el pintor no pasó desapercibida en la Casa Real. Tras la muerte de Mengs, solicitó el puesto de pintor de cámara, aunque esta petición fue denegada. Por consejo de Bayeu, presentó una obra para ingresar en la Real Academia de Bellas Artes de San Fernando y obtener el título oficial. Su *Cristo crucificado* –una nueva deuda con Velázquez–, le abrió de inmediato las puertas de la institución.

Pescador con caña
1775. Óleo sobre lienzo, 289 x 110 cm
Museo del Prado, Madrid

Velázquez
Las meninas o la familia de Felipe IV
1656-1657. Óleo sobre lienzo, 318 x 276 cm
Museo del Prado, Madrid

Por otra parte, el enfrentamiento con su cuñado en el siguiente de sus encargos denota el lugar secundario que todavía ocupaba Goya entre los pintores de su tiempo. La obra, con el tema *Regina Martyrum (A María, Reina de los Mártires)*, estaba destinada a decorar la cúpula de la basílica del Pilar en Zaragoza. La libertad con que Goya llevó a cabo su ejecución no fue del agrado del cabildo ni de Francisco Bayeu, quien hizo valer su responsabilidad sobre el conjunto.

Goya respondió con indignación a las críticas con que fue recibido el fresco, al que se acusó de ser un boceto gigante. Como no estaba de acuerdo en introducir las correcciones que le pedían el cabildo y su cuñado, exigió el arbitraje de dos académicos. Al final, tras la intervención conciliadora de los cartujos de Aula Dei, con los que Goya mantenía relaciones profesionales y amistosas, el pintor tuvo que someterse.

Se ha argumentado que los gustos de Carlos III se inclinaban hacia la estética neoclásica del recientemente fallecido Mengs, y que el monarca decidió poner a prueba a los pintores de la Corte para decidir quién debía sustituirle. Los pintores de cámara solicitados fueron Antonio González Velázquez, Andrés de la Calleja, Mariano Salvador Maella y Francisco Bayeu. En cambio, Goya y Gregorio Ferro no figuraban en la nómina real, pero pertenecían a la Academia. Alcanzada su madurez, comenzarían a llegar a Goya el tipo de encargos que lo encumbrarían como pintor de la alta sociedad y la Casa Real.

El respaldo de Luis de Borbón

Se considera importante para la biografía de Goya el encargo de la iglesia de San Francisco el Grande en Madrid, pues gracias a aquella obra le llegaría la oportunidad de ser realmente reconocido como artista y pintor. Y así fue porque en 1783 recibió el encargo de dos retratos del conde de Floridablanca, entonces secretario de Estado.

Poco tiempo después el infante Luis de Borbón, hermano de Carlos III, se puso en contacto con él a través del arquitecto Ventura Rodríguez. El infante era el mayor mecenas de la época y dio un gran apoyo a la carrera de Goya.

Durante el verano de 1784, el pintor realizó 16 obras para él, entre ellas la velazquiana *La familia del infante don Luis de Borbón*, en la que aparecen representados el matrimonio con sus hijos y criados en un instante de su vida cotidiana presenciado por el autor, también presente en el cuadro.

La suerte comenzaba a estar de parte del pintor, pues en aquel año nacería el único hijo que le sobrevivió y empezaron a sucederse las peticiones de retratos de altos personajes de la Corte y sus familiares, como el de la condesa de Benavente, el de la marquesa de Pontejos, el del conde de Cabarrús –presidente del Banco de San Carlos–, el del conde de Altamira o el del arquitecto Ventura Rodríguez, entre otros muchos, a los que pronto seguirían los de la familia reinante.

Pintor de la Casa Real

Su nombramiento como pintor del rey se produjo en 1786, un año después de haber sido designado subdirector de pintura de la

El cardenal Luis María de Borbón
Después de 1800. Óleo sobre lienzo, 214 x 136 cm
Museo del Prado, Madrid

Real Academia de San Fernando. Su promoción y la de su cuñado Ramón para el cargo se debieron a las recomendaciones respectivas de Francisco Bayeu y de Salvador Maella, quienes propusieron sus candidaturas ante la reestructuración de la sección de pintura en la Casa Real que se llevó a cabo tras la muerte del director de la fábrica de tapices, Cornelio Vandergoten.

Fue por aquellas fechas cuando, muy ufano, se compró un birloche, un carruaje de lujo muy veloz, con el que volcó y del que tuvo que desprenderse al cabo de unos meses, pues como consecuencia de otro accidente estuvo a punto de matar a un peatón. Decidió sustituirlo por una berlina, un vehículo menos veloz. Para entonces ya era considerado el mejor retratista de la alta sociedad de Madrid y de los círculos financieros, intelectuales y artísticos.

En 1786 hizo un retrato de su cuñado Francisco Bayeu, muestra de que su aval en la Casa Real los había reconciliado. Por las mismas fechas los duques de Medinaceli y de Osuna comenzaron a encargarle retratos y otras pinturas. También quisieron ser inmortalizados por él los miembros de Banco de San Carlos y otros ilustres personajes a quienes Goya pintó de forma magistral.

Dos años después, en 1788, murió Carlos III, y Goya fue el encargado de pintar al nuevo soberano, Carlos IV, y a su esposa, María Luisa de Parma. Esta pareja, para la que había realizado los tapices que decoraban sus habitaciones en El Pardo y El Escorial, lo ascendió a pintor de cámara y le encargó varias obras.

El ascenso hasta la cumbre social hizo que Goya intentara codearse con la aristocracia en plano de igualdad. Existen varias cartas, escritas en 1792, que dan cuenta de las indagaciones realizadas por el pintor acerca de sus orígenes genealógicos para demostrar una ascendencia noble.

LA MARQUESA DE VILLAFRANCA
1804. Óleo sobre lienzo, 195 x 126 cm
Museo del Prado, Madrid

LA FRAGUA

1812-1816. Óleo sobre lienzo, 181 x 125 cm

Frick Collection, Nueva York

Entretanto, el recién nombrado pintor de Carlos III tuvo que seguir realizando cartones para tapices. El tema central fue el clásico de las cuatro estaciones, que se completaban con otros cartones de carácter social, como *La fragua, El albañil herido* y *El albañil borracho, Cazador al lado de una fuente, Pastor tocando la dulzaina, Los pobres de la fuente, El niño del carnero, Niños con perros de presa, Gatos riñendo* y *Marica en la rama de un árbol.*

Entre 1788 y 1789 realizó los bocetos de una nueva serie, encargada todavía por Carlos III para decorar el dormitorio en El Pardo de las infantas Carlota Joaquina y María Amalia, hijas de los futuros reyes, y que quedó inacabada. A pesar de estar inconcluso, pertenece a esta serie uno de los más famosos cartones de Goya: *La pradera de San Isidro*. La obra, como había escrito el artista a su amigo Zapater, requería una gran laboriosidad por la cantidad de figuras diminutas representadas y la dificultad de reflejar la fachada urbana de Madrid recortada sobre el río Manzanares.

A la muerte de Carlos III, el nuevo monarca quiso decorar su despacho en El Escorial. Goya recibió el encargo en 1790 y se resistió con tanta firmeza a llevarlo a cabo, que la Casa Real le amenazó con suspenderlo de sueldo. El proyecto consistió en doce cartones de asuntos jocosos, de los que Goya sólo llegó a realizar siete, y éstos quedaron inacabados debido a una nueva recaída de su enfermedad en 1792. Nunca volvió a retomar la serie, compuesta por obras como *La boda, Los zancos, Las mozas del cántaro* y *El pelele*, en las que se dio el capricho de experimentar tonalidades inéditas hasta ese momento y de introducir una visión novedosa de los temas, rayanos en la crítica social al uso entre los ilustrados. Se considera *La boda* como el cartón más representativo de la serie por su temática, una crítica al matrimonio por conveniencia y por el que quizá él mismo se sentía personalmente afectado.

Gato acosado

1788. Óleo sobre lienzo, 42 x 15 cm

Colección particular

A su vez, el 1792 todavía duraba la represión y Goya se marchó a Cádiz sin solicitar permiso al rey. A pesar del supuesto temor a la persecución, el pintor visitó en Sevilla al desterrado Ceán Bermúdez. En Cádiz se alojó en casa de Sebastián Martínez, tesorero general del Consejo de Hacienda, un renombrado coleccionista de arte y, como Ceán Bermúdez, un buen amigo.

El pintor, ajeno a todo aquel bullicio a causa de la enfermedad que lo dejaría sordo, fue acogido y protegido por Sebastián Martínez, en cuya casa permaneció durante su convalecencia. Es probable que su dolencia, que hasta hace poco se atribuía a la sífilis o quizá a un trastorno mental, fuera ocasionada por una intoxicación crónica debida al plomo de las pinturas, el saturnismo. Quedó paralizado, sin vista ni oído, y sufrió dolores intensos y terribles alucinaciones. Mientras estuvo enfermo, su cuñado Bayeu, con la ayuda de Martín Zapater, consiguió el permiso del rey que él no había solicitado y pudo, gracias a ello, conservar su empleo como pintor en la Casa Real.

Sordera irreversible

El tema común de las pinturas de gabinete de Goya realizadas para Iriarte, de las que

El general don Antonio Ricardos
1793-1794. Óleo sobre lienzo, 112 x 84 cm
Museo del Prado, Madrid

posiblemente formaba parte *Los cómicos ambulantes*, versaba sobre las diversiones nacionales. La sordera había extremado su sensibilidad y el pintor llegaba a una nueva etapa creativa en la que comenzaría a experimentar con su estilo más personal, plasmado en los grabados y las *Pinturas negras* que le han hecho pasar a la historia como un genio de la pintura. El artista continuó trabajando de forma incansable durante los años 1793 y 1794, fechas en las que retrató al héroe nacional de la guerra contra Francia, *El general don Antonio Ricardos*; al coronel *Félix Colón de Larreategui*; a *Ramón Posado y Soto*, un pariente de Jovellanos que atestiguó la sordera del pintor; y a *La Tirana*, una famosa actriz de Madrid.

Director de Pintura de la Academia

La caída en 1794 del régimen del Terror en Francia, con la ejecución de Robespierre, devolvió la calma a Europa. Goya fue nombrado director de Pintura de la Academia, tras la muerte de Francisco Bayeu.

Además de *La marquesa de la Solana*, *Meléndez Valdés*, *Bernardo de Iriarte*, *El embajador Guillemardet* y de otro *Autorretrato*, por estas fechas Goya estrechó sus relaciones con los duques de Alba. En 1795 firmó su celebérrimo retrato de la duquesa Cayetana vestida de blanco y adornada con grandes lazos rojos, una obra que nos remite a la leyenda de la supuesta pasión entre la segunda dama de España y Goya, cuando aún no había alcanzado la cima de su carrera.

Un romance de altos vuelos

La primera noticia documentada sobre la relación entre Goya y la duquesa de Alba es el comentario que éste le hizo a su amigo Zapater en una de sus cartas, fechada en 1794. En la carta Goya le decía a su amigo: «Más te valía venirme a ayudar a pintar a la de Alba, que ayer se me metió en el estudio a que le pintase la cara, y se salió con ello; por cierto que me gusta

La Marquesa de Santa Cruz (detalle)
1805. Óleo sobre lienzo, 124,7 x 207,9 cm
Museo del Prado, Madrid

más que pintar en lienzo, que también la he de retratar de cuerpo entero y vendrá apenas yo acabe un borrón de la Alcudia a caballo».

En el momento del supuesto inicio de sus amoríos, el pintor, completamente sordo, contaba ya con unos 50 años de edad, mientras que Cayetana de Silva y Álvarez de Toledo, la decimotercera duquesa de Alba, rondaba los 35 años.

Lo único cierto es que Goya la pintó en varias ocasiones, y que lo hizo cada vez con mayor mordacidad, como cuando la retrató en la serie *Los caprichos*, lo cual ha llevado a extraer conclusiones acerca del romance.

Así, en la acidez con que la representó en el titulado *Volaverunt*, bajo el cual Goya escribió la leyenda «El grupo de brujas que sirve de peana a la petrimetra, más que necesidad es adorno. Hay cabezas tan llenas de gas inflamable, que no necesitan para volar ni globos ni brujas», se ha querido ver el posible desengaño amoroso del pintor.

A pesar de la diferencia de edad entre el pintor y la duquesa, ésta falleció antes que él, en 1802, y el pintor realizó un dibujo a la

Gatos riñendo
1786-1787. Óleo sobre lienzo, 56 x 193 cm. Museo del Prado, Madrid

aguada para el proyecto de su tumba, en el que la representó con los ojos cerrados. Uno de los beneficiarios de la duquesa en su testamento fue Javier, el único hijo que sobrevivió al pintor, a quien legó 10 reales de por vida, lo cual tampoco constituye una prueba explicita del romance.

Arte personal, arte oficial

Aduciendo razones de salud, el pintor renunció en 1797 a su puesto como director de Pintura de la Academia y se consagró a la realización de *Los caprichos*, que no serían puestos a la venta hasta 1799. Previamente había realizado otra serie de pinturas de gabinete cuya temática preludiaba la de esa colección de grabados.

Las pinturas de gabinete, con el tema común *Asuntos de brujas*, le fueron encargadas por los duques de Osuna para su quinta de la Alameda, en las afueras de Madrid, y unos de los pequeños seis lienzos de los que constaba, *Vuelo de brujas*, se conserva en el Museo del Prado. En el ambiente ilustrado, las brujas representaban la ignorancia y la superchería contra la que luchaba «la razón», y Goya trató el tema de una manera enigmática, ambivalente, a veces como una sátira jocosa y otras reflejando esta práctica en toda su crudeza.

Mientras realizaba para sí *Los caprichos*, seguía cumpliendo con los encargos que le hacían los reyes y sus amigos. En 1798 pintó *El general Urrutia* y *Don Gaspar Melchor de Jovellanos*. Aproximadamente por las mismas fechas pintó *Andrés del Peral*, un tallista conocido en la época, *La marquesa de Santa Cruz* y el retrato del torero *Pedro Romero*, entre otros. Otro encargo fue la decoración mural de San Antonio de la Florida, una capilla construida en el parque del Palacio Real, que fue inaugurada en julio de 1799. El *Prendimiento de Cristo*, un cuadro para la sacristía de la catedral de Toledo que quizá fuera realizado también por estas fechas, también destaca por su calidad.

Vuelo de brujas
1797-1798. Óleo sobre lienzo, 43 x 30 cm
Museo del Prado, Madrid

Goya gozaba también del favor de Godoy, protector en esta época de los liberales, por lo que recibió varios encargos del secretario de Estado, entre ellos el de pintar a su esposa, la condesa de Chinchón –uno de los retratos más memorables de Goya–, con la que había sido obligado a casarse por su amante, la reina María Luisa.

La gestación de la serie de grabados conocidos como *Los caprichos*, la primera colección concebida como un conjunto, provenía de antiguo. Primero el pintor había aprendido la técnica, pero ahora la puso al servicio de su «capricho», con la intención de reflejar con ella su particular forma de comprender el mundo.

Unos años después, cuando la Inquisición se interesó por la serie, para salvaguardar estas obras y a sí mismo el pintor puso en manos del rey las planchas, donándolas a la Calcografía Real, y los 240 ejemplares no

PRENDIMIENTO DE CRISTO
1798. Óleo sobre lienzo, 40 x 23 cm
Museo del Prado, Madrid

PINTURAS NEGRAS,
EL AQUELARRE
1820-1823. Mural al óleo trasladado a lienzo, 127 x 263 cm
Museo del Prado, Madrid

vendidos –sólo la duquesa de Osuna se había quedado con unos cuantos– a cambio de una pensión anual para su hijo Javier.

La serie se abre con un autorretrato, una vez desechada la posibilidad de denominarla *Los sueños* –acaso otra colección de grabados sin concluir–, en cuyo caso Goya había pensado encabezarla con la lámina titulada *El sueño de la razón produce monstruos*. La colección puesta a la venta consta de 80 estampas que pueden dividirse en tres temas diferenciados: el primero, entre las láminas 2 y 36, es una sátira de ciertas costumbres nefastas en la época, desde los métodos educativos a la prostitución o los usos del matrimonio. En la segunda, de la 37 a la 42, llamada *La secuencia del asno*, las láminas toman a este animal como símbolo de la mediocridad de los poderosos. La tercera parte, de la 43 a la 80, son escenas compuestas por figuras de monstruos, brujas y enanos, como crítica del esoterismo, la superstición, los prejuicios y los abusos que hacía la Iglesia.

Primer pintor de cámara

En 1799 fue recompensado con su nombramiento como primer pintor de cámara, un título que esperaba hacía tiempo y que lo colocaba por encima del resto de los pintores, excepto Mariano Salvador Maella, que fue nombrado junto a él para el mismo cargo. El puesto conllevaba una mejora de su sueldo y sus finanzas, pese a que continuamente se quejaba al respecto, estaban saneadas, gracias a las muchas ocasiones en que pidió consejo a Martín Zapater (que murió en 1803) para llevar a cabo sus inversiones.

El Goya propietario y primer pintor de la casa del rey fue llamado por los monarcas al palacio de Aranjuez para emprender su gran obra: el retrato de *La familia de Carlos IV*, un cuadro alejado de todo convencionalismo.

Para la realización de este cuadro, el pintor tomó como modelo a su antecesor, Velázquez. Hay quien ha visto en esta obra una crítica a la familia real por la falta de idealización de las figuras reales, tratadas con un verismo tan ajustado que casi parecen una caricatura. Sin embargo, los reyes quedaron satisfechos con el resultado.

LAS MAJAS EN EL BALCÓN (DETALLE)
Hacia 1810-1812. Óleo sobre lienzo, 162 x 107 cm
Colección particular, Suiza

LAS MAJAS

Por el testimonio de Ceán Bermúdez y del grabador Pedro González Sepúlveda se sabe que *La maja desnuda*, fechada entre 1797 y 1800, ya formaba parte de la colección privada de Manuel Godoy en 1803. Se cree que la mujer que representa es Pepita Tudó, la amante de Godoy –con la que acabó casándose a la muerte de la condesa de Chinchón–, aunque también se la ha relacionado con la duquesa de Alba, quien al parecer regaló al primer ministro esta obra junto con la *Venus del espejo* de Velázquez.

Los cuadros de desnudos eran considerados obras de ínfima categoría. Se sabe que ni Carlos III ni su hijo, Carlos IV, deseaban conservar ninguno de ellos en palacio. De hecho, en tiempos de Carlos IV la colección de desnudos del Palacio Real quedó depositada en la Real Academia de San Fernando, donde permaneció hasta su traslado al Museo del Prado. Sin embargo, Godoy no fue de la misma opinión que los reyes, pues destinó una sala a su colección de desnudos –de Goya, Velázquez,

Tiziano, Lucas Jordán y copias de otras Venus de Tiziano–, pero nadie sabe el motivo por el que Goya pintó después *La maja vestida*. Es posible que mediante la instalación de un complejo mecanismo pudiera levantarse *La maja vestida* para ver *La maja desnuda*. En 1815 la Inquisición interrogó a Goya al respecto, pero no trascendieron sus respuestas.

La nobleza retratada

El nuevo siglo trajo consigo nuevos aires de guerra. De esta época proceden los retratos de personajes de la nobleza y de representantes de la cultura como *El conde de Fernán Núñez*, un joven de elegante silueta recortado sobre un fondo de paisaje madrileño, y su esposa, *La condesa de Fernán Núñez*; *El marqués de San Adrián*, amigo de Cabarrús y perteneciente a la nobleza navarra; *Ignacio Garcini* y *Josefa Garcini*, *La marquesa de Lazán*; *La marquesa de Villafranca*, María Tomasa Palafox, en actitud de pintar a su marido con un pincel y una paleta; el naturalista *Félix de Azara*; *La marquesa de Santa Cruz*, hija de los duques de Osuna, recostada sobre una tumbona; y *Bartolomé Sureda y Teresa Luisa Sureda*, entre otros.

Por encargo de Godoy realizó una serie de cuatro pinturas con alegorías sobre actividades profesionales (*El comercio*, *La agricultura*, *La industria* y *La ciencia*), una serie al gusto de los ilustrados y de las nacientes sociedades económicas que impulsaban el comercio y la industria del país.

En 1805 se casó Javier de Goya con Gumersinda Goicoechea. Se dedicaba a la pintura, pero, rico y adorado por su padre, abandonó pronto los pinceles para vivir como rentista el resto de su vida. Entonces Goya conoció a Leocadia Zorrilla, una pariente lejana de su nuera, con la que establecería

La marquesa de Lazán
Hacia 1804. Óleo sobre lienzo, 193 x 115 cm
Colección Casa de Alba, Madrid

una relación sentimental que duró hasta el final de su vida.

UN LÚCIDO CRONISTA DE GUERRA

La batalla de Trafalgar y la consiguiente pérdida de la Armada española en 1805 fueron el anuncio de los trágicos días que estaban por venir. Se produjo la ruina financiera de la Corona española.

Antes de la partida a Bayona de Fernando VII, Goya recibió el encargo de la Real Academia de San Fernando de pintar un retrato ecuestre del rey, para el cual posó el joven monarca apenas una hora y media.

Durante los seis años que duró la Guerra de la Independencia (1808-1814), Goya prosiguió trabajando encerrado en su universo solitario, cada vez más sordo y aislado, cada vez más tétrico, desesperanzado sin remedio, pero atendiendo a los encargos que recibía de los dos bandos confrontados. Fue solicitado tanto por José Bonaparte, para quien hubo de pintar, como por los héroes que le hicieron frente. Su mujer, Josefa Bayeu, falleció en 1812 y, en el momento del inventario para el testamento, se evidenció la tensión entre el padre y el hijo, probablemente debida a las relaciones que mantenía Goya todavía en vida de su esposa con la joven Leocadia Zorrilla.

Goya, que contaba ya con más de 60 años, no disminuyó su ritmo de producción en estos momentos de desconcierto. Dejó de percibir su sueldo como pintor real, por lo que se salvó de ser acusado de traidor cuando posteriormente volvió Fernando VII, y se dedicó a encargos particulares y a obras personales. Son famosas sus telas *Las majas en el balcón*, en la que las alegres jóvenes aparecen estrechamente vigiladas por los soldados; *Las jóvenes* o *La carta* que junto con *Las viejas* –una cruel sátira en la que el autor aludía probablemente a la responsabilidad de

LA FABRICACIÓN DE PÓLVORA
Hacia 1810-1814.
Óleo sobre tabla,
33 x 52 cm
Palacio de la Zarzuela, Madrid

LAS JÓVENES O LA CARTA
1814-1819. Óleo sobre lienzo, 181 x 125 cm
Museo de Bellas Artes, Lille

la reina María Luisa en la guerra– recuerdan las próximas *Pinturas negras* por la tendencia al empleo de ocres y negros; *La fábrica de balas* y *La fábrica de pólvora*, dos pinturas alusivas a la guerra, igual que *Fusilamiento en un campo militar*, todas ellas de un estilo que puede considerarse propio de una centuria después.

Algunos de estos temas se relacionan con los de la serie *Los desastres de la guerra*, que comenzaría a grabar en 1810. *Yo lo vi* o *Y esto también* son dos de los títulos de los grabados que componen esta serie, comenzada durante la ocupación francesa. Goya plasma en esta serie esa percepción de la existencia que años después Miguel de Unamuno definiría como «el sentimiento trágico de la vida» y que se ha identificado con una visión profundamente española, una manera despiadada de contemplar el horror de la naturaleza humana y de la guerra.

Goya nunca pudo ver publicada esta serie, debido a la represión consiguiente al retorno de Fernando VII al trono. A pesar de que su autor realizó diversas ordenaciones de la serie para suavizar su contenido, no vio la luz pública hasta 1863, mucho tiempo después de su muerte, año en que la Real Academia de Bellas Artes la publicó por primera vez. Constaba originalmente de 85 estampas, encabezadas con el título *Fatales consecuencias de la sangrienta guerra en España con Bonaparte. Y otros caprichos enfáticos, en 85 estampas.*

LOS FUSILAMIENTOS DE MAYO

Goya sorteó los peligros que amenazaban su vida privada y profesional con una maestría equiparable a la que aplicó en la ejecución técnica de sus obras. Nadie como él supo conciliar su imagen pública con el libre ejercicio de su actividad creativa.

En este periodo nació la pareja de cuadros *El 2 de mayo de 1808 en Madrid: la lucha con los mamelucos* y *El 3 de mayo de 1808 en Madrid: los fusilamientos de la montaña del*

El 3 de mayo de 1808 en Madrid: los fusilamientos en la montaña del Príncipe Pío
1814. Óleo sobre lienzo, 268 x 347 cm. Museo del Prado, Madrid

Príncipe Pío. Apenas ha quedado alguna referencia de la época a estas obras. Si es que alguna vez se exhibieron ante el público, no fueron mencionadas hasta 1843, en que se citan entre las almacenadas en el Museo del Prado.

Nada más llegar a Madrid, el rey creó un comité para investigar la conducta del personal de la Casa Real durante los años de guerra y Goya también fue sometido a esta investigación. Tuvo que presentar testigos para demostrar que no había trabajado para José Bonaparte –ninguno de ellos mencionó el cuadro *Alegoría de Madrid*, realizado a petición de aquél– y después fue llamado por la Inquisición para declarar acerca de *Las majas*. El hecho de que no hubiera cobrado su sueldo de la Casa Real, que renunciase a publicar *Los desastres de la guerra* y, tal vez, lo oportuno del momento en que propuso la realización de estos dos cuadros, junto a las declaraciones de sus amigos, le salvaron de una condena segura.

Fue por las mismas fechas cuando pintó los cuadros *Fernando VII en un campamento* y *Fernando VII con manto real*, aunque no los hizo por encargo del monarca. En ellos es posible intuir la profunda aversión que le inspiraba el soberano, reflejado como una figura grotesca y ridícula. Por su parte, el rey tampoco sentia la menor simpatía por el pintor, pero lo dejó trabajar, aunque ya no le encomendara encargos oficiales.

En 1815, con motivo de la fundación de la Compañía de Filipinas, el cuadro *Junta de Filipinas*, presidida por el monarca, constituye una magnífica composición. Pintó una serie de cuadros sobre escenas populares para la Real Academia de San Fernando: *Escena de la Inquisición*, *Procesión*, *Corrida en un pueblo*, *Casa de locos* y *El entierro de la sardina*, un conjunto en el que se han querido ver significados simbólicos y una crítica oculta tras su apariencia costumbrista.

Al mismo tiempo emprendió una nueva serie de grabados, *La tauromaquia*. Era un tema recurrente en su obra, inocuo en aquellos tiempos, al que consagró una nueva serie de grabados, compuesta por 33 estampas, aunque Goya llegó a grabar 44, que ilustran la historia del toreo en España. Las puso a la venta el 28 de octubre de 1816, mediante un anuncio en un periódico y, aunque parece que no vendió muchas en aquella ocasión, constituyeron su serie de grabados más divulgada.

CASA DE LOCOS
1815-1819. Óleo sobre tabla, 45 x 72 cm. Real Academia de Bellas Artes de San Fernando, Madrid

La última comunión
de San José de Calasanz
1819. Óleo sobre lienzo, 305 x 222 cm
Iglesia del Colegio de los Escolapios, Madrid

Retiro en la «Quinta del Sordo»

Son escasos los datos sobre la vida de Goya durante los años previos a su retiro en la «Quinta del Sordo», esta residencia situada en las afueras de Madrid, en la Casa de Campo, cerca del Manzanares. Antes de recluirse en esta casa de campo, realizó dos obras notables: *Santa Justa y Santa Rufina*, para la catedral de Sevilla, y *La última comunión de San José de Calasanz*, para la iglesia de los Escolapios de Madrid.

Goya llegó a su nueva residencia acompañado de Leocadia Zorrilla y de los hijos de ésta, Pedro Guillermo y Rosario. Se instaló en ella una vez superada otra grave enfermedad, de la que dejó testimonio en su conmovedora obra titulada *Goya y su médico Arrieta*, en la que escribió una dedicatoria de agradecimiento al doctor.

Cultivaba las tierras de la «Quinta del Sordo» y es probable que practicara también la caza, a la que siempre había sido aficionado. También trabajaba en una nueva serie de grabados y se disponía a realizar el conjunto de pinturas más sorprendente de toda su producción.

Se desconoce la razón por la que Goya pasó tres años de su vida pintando directamente sobre el yeso de las paredes de la «Quinta del Sordo» la serie conocida como *Pinturas negras*, el célebre conjunto formado por 14 óleos dispuestos en dos de las habitaciones de la casa. Aplicó novedades técnicas y exploró un nuevo terreno estético. Están en la línea de algunos cuadros previos del autor y, sobre todo, de la serie de grabados creados al mismo tiempo que estas pinturas: *Los disparates*. También entroncan con otras series.

Cuando regaló la casa a su nieto Mariano para autoexiliarse en Burdeos, las pinturas continuaban allí. La finca fue adquirida en 1873 por el banquero Émile d'Erlanger, quien encargó al restaurador del Museo del Prado, Salvador Martínez Cubells, el traslado de las pinturas a lienzos. Éste no sólo restauró las pinturas, que ya estaban deterioradas y sufrieron nuevos desperfectos al ser arrancadas de los muros, sino que también las retocó y seguramente suavizó su opresiva temática. El banquero francés las envió a la Exposición de París de 1878, donde fueron expuestas en un pasillo del Pabellón del Trocadero. Pasaron desapercibidas para el público, pero no para la crítica, que las trató con severidad. En 1881 las obras fueron donadas por D'Erlanger al Estado español y se exponen en el Museo del Prado desde 1889.

Entretanto, Goya realizaba su penúltima gran serie de grabados, *Los disparates*, que dejó inacabada y que debió de comenzar nada más finalizar *La tauromaquia*.

En 1862, años después de su muerte, la Academia publicó 18 de estas estampas y en Francia se editaron otras cuatro en 1877. Aunque existe alguna otra estampa suelta, se considera la colección compuesta por estas 22 láminas. La primera vez que fueron publicadas aparecieron con el título de *Proverbios*. Por su carácter onírico, y porque el autor en alguna ocasión utilizó la palabra «sueño», también han sido conocidas con la denominación de *Los sueños*. Tenebrosos, disparatados y contradictorios, estos grabados vuelven a poner de manifiesto el oscuro mundo del autor de los últimos años de su existencia y su visión del mundo y el género humano como un absurdo continuo, tétrico y cruel la mayor parte de las veces.

Exilio en Francia

Fernando VII inauguró una nueva época de represión y persecución al recuperar otra vez

PERRO SEMIHUNDIDO
1820-1823. Mural al óleo trasladado a lienzo, 131,5 x 79,3 cm
Museo del Prado, Madrid

PINTURAS NEGRAS,
LA LEOCADIA
1820-1823. Mural al óleo trasladado a lienzo, 147,5 x 129,4 cm
Museo del Prado, Madrid

el poder absoluto. Temiendo por su seguridad, Goya se apresuró a regalar la «Quinta del Sordo» a su nieto Mariano y buscó refugio en casa del abad José Duaso y Latre, de quien hizo un retrato en agradecimiento. El invierno de 1823-1824 lo pasó allí y, nada más llegar la primavera, con el pretexto de tomar las aguas en Plombières, pidió permiso al rey para trasladarse a Francia. Una vez conseguida la autorización real, partió para Burdeos, donde ya habían buscado refugio algunos de sus amigos afrancesados y liberales.

A esta ciudad llegó, según el testimonio de Moratín, «sordo, viejo, débil, impotente, sin saber una palabra de francés, pero tan contento y deseoso de ver mundo». Hasta allí viajaron Leocadia Zorrilla, una apasionada liberal, y sus hijos. Su espíritu inquieto no le permitía detenerse. *Aún aprendo* es como tituló un dibujo que se conserva en el Museo del Prado y que representa a un anciano con barba apoyado en dos bastones. Así era, pues todavía quiso experimentar con la técnica de la litografía para una pequeña serie de grabados, los cuatro famosos *Toros de Burdeos* y el *Retrato de Gaulon*, realizados entre 1824 y 1825.

En 1825 estuvo otra vez entre la vida y la muerte. Tenía parálisis en la vejiga y un tumor voluminoso en el perineo, pero el pintor volvió a restablecerse y emprendió una serie de 40 miniaturas en marfil, en las que utilizó una técnica novedosa y cuyos resultados le llenaron de orgullo.

Después hizo uno de sus dos viajes a Madrid. En el primero, en 1826, consiguió la jubilación, con el total de su sueldo, y un nuevo permiso para continuar en Francia. El último viaje, en 1827, lo aprovechó para pintar a su nieto Mariano, que tenía 21 años y se había convertido en un joven apuesto y, al parecer, indisciplinado. Goya, que en ese momento tenía 81 años, le dedicó el retrato escribiendo por detrás con un pulso todavía firme.

JUAN BAUTISTA MUGUIRO
1827. Óleo sobre lienzo, 103 x 85 cm
Museo del Prado, Madrid

En Burdeos recuperó la libertad y la alegría de vivir y, con ella, el color. El último año de su vida lo pasó retratando a personajes de su alrededor, a los amigos exiliados, como Juan Bautista Muguiro. Su genio destaca sobre todo en *La lechera de Burdeos*, el mejor de sus últimos cuadros, y otra obra maestra considerada precursora del impresionismo por la yuxtaposición de los toques de color.

«Ya no tengo vista, ni fuerza, ni pluma, ni tintero, sólo me queda la voluntad», se lamentaba Goya, aunque confiaba en vivir, como Tiziano, hasta los 99 años. Goya murió apenas unos días después de enviar la carta, el día 16 de abril de 1828, a la edad de 82 años. Fue enterrado en el cementerio de la Cartuja, junto a su consuegro, Martín Miguel de Goicoechea. En el año 1899 sus restos fueron trasladados a Madrid, y en 1919 se depositaron en la ermita de San Antonio de la Florida, bajo los frescos que él mismo había pintado.

LA LECHERA DE BURDEOS
1825-1827. Óleo sobre lienzo, 74 x 68 cm
Museo del Prado, Madrid

Las obras de Goya

«La fantasía, aislada de la razón, sólo produce monstruos imposibles. Unida a ella, en cambio, es la madre del arte y fuente de sus deseos.»

A pesar su formación académica y del acatamiento de los gustos de la Corte (fue pintor de cámara de la monarquía), la genialidad de Francisco de Goya radica en haber tenido un estilo y técnicas propios, que siempre son exclusivos de los genios. En muchas de sus obras, Goya empleó técnicas muy avanzadas a su tiempo, que muchas décadas después empezaron a ser experimentadas por otros pintores. En cuanto a la temática, destaca la equilibrada mezcla de obras encargadas por la nobleza y las de un contenido más social, en las que se ha querido ver una crítica a una sociedad y una época convulsas. Así, en el amplio abanico de obras firmadas por Francisco de Goya descubrimos los juegos y diversiones del pueblo llano; escenas de caza; los bordados de las vestimentas reales; y la angustia del ser humano encerrado, denunciado o loco, entre otros muchos temas que le fascinaron.

Marcado por crisis de diversas enfermedades, entre las que destacó una imparable sordera, sin embargo luchó para que su pensamiento fuera siempre igual de libre; al final de su vida se dedicó a obras, como la serie de las *Pinturas negras*, que no estaban destinadas a ser exhibidas y que nos descubren la riqueza de imaginación que siempre tuvo el genial artista.

DOÑA MARÍA ANTONIA GONZAGA,
MARQUESA DE VILLAFRANCA
Hacia 1795. Óleo sobre lienzo, 87 x 72 cm
Museo del Prado, Madrid

AUTORRETRATO EN EL TALLER
Hacia 1790-1795. Óleo sobre lienzo, 42 x 28 cm
Real Academia de Bellas Artes de San Fernando, Madrid

Aparición de la Virgen del Pilar a Santiago y los convertidos

Realizada a imitación de algún gran relicario de Zaragoza, se asemeja a las pinturas destruidas del Armario de las Reliquias de Fuendetodos, si bien Morales y Marín ha señalado que «en su factura ha desaparecido parte de la huella "luzanesca" para ser reemplazada por la impronta de Francisco Bayeu y Subías, aclarando tintas con una mayor luminosidad y desuniendo la pincelada desde un criterio más bocetístico, al mismo tiempo que se amplía el sentido espacial, tal y como llevará a consecuencias más extremas en la decoración de Aula Dei».

La obra se considera pareja de otra anterior *(La Triple Generación)* y, como aquélla, perteneció a la colección de Juan Martín de Goicoechea, junto con el boceto del coreto del Pilar (col. Gudiol), el *Bautismo de Cristo* (col. conde de Orgaz) y el retrato *Juan Martín de Goicoechea* (col. marquesa de Las Palmas), que heredó la segunda condesa consorte de Sobradiel. Es la única pintura de Goya que permanece en su localidad natal, donde se quedó después de haber sido exhibida allí en 1996.

El esquema compositivo e iconográfico de esta obra preludia las composiciones religiosas posteriores de Goya, dado que se advierte ya en ella un esquema de triangulaciones ascendentes, con grupos de figuras que marcan ritmos alternos y cuyos claroscuros proporcionan la sensación de proximidad y lejanía.

La crítica ha señalado como méritos de esta obra temprana la calidad táctil de las figuras del primer plano, la viveza de la luz y el color, y la deformación de las expresiones de los rostros. Esta última característica, un recurso habitual en Goya, demuestra que desde el inicio de su carrera se apartó de los cánones aprendidos en la búsqueda de su propia personalidad como autor.

APARICIÓN DE LA VIRGEN DEL PILAR
A SANTIAGO Y LOS CONVERTIDOS
1768-1769. Óleo sobre lienzo, 79 x 55 cm
Colección particular, Zaragoza

Autorretrato

Existen varios autorretratos de Goya. Se ha apuntado que quizá el autor realizara el de 1769-1773 como recuerdo para sus padres, antes de emprender su viaje a Italia en 1770, o bien que lo remitiera desde Roma. Otros autores piensan que se trata de un retrato de esponsales, con motivo de la boda del pintor con Josefa Bayeu en 1773, aunque esa posibilidad se descarta en la actualidad por motivos técnicos y estilísticos.

Goya, que tendría aquí unos 20 años, se reflejó a sí mismo con una larga melena, en busto y sobre un fondo neutro, mirando hacia el espectador, lo que indica la firmeza de su carácter. La imagen, poco convencional y bohemia, tiene un aura romántica y por ello se considera anterior a los cánones neoclásicos que empezaban a imponerse en las fechas de su boda.

A sus 69 años realizó dos autorretratos: una versión se conserva en el Museo del Prado y la otra es un óleo sobre tabla perteneciente a la Real Academia de San Fernando. Ambos fueron realizados por la misma fecha y presentan una efigie prácticamente idéntica del pintor, con diferencias apenas perceptibles en la inclinación de la cabeza y la expresión, algo más meditabunda en el cuadro del Prado. Se considera esta imagen una de las más sinceras de su autor, un autorretratado sin atributos que indiquen su profesión ni sus éxitos profesionales, un recuerdo para sus familiares, que fueron sus primeros depositarios.

AUTORRETRATO
1769-1773. Óleo sobre lienzo, 58 x 44 cm
Colección particular, Madrid

AUTORRETRATO
Hacia 1815. Óleo sobre lienzo, 46 x 35 cm
Museo del Prado, Madrid

Aníbal vencedor

ANÍBAL VENCEDOR, QUE MIRA POR PRIMERA VEZ ITALIA DESDE LOS ALPES
1770-1771. Óleo sobre lienzo, 30,5 x 38,5 cm
Colección particular, Madrid

Hasta la publicación del *Cuaderno italiano* de Goya, esta obra fue el único testimonio de la estancia del pintor en Italia durante su juventud. La obra simboliza un momento clave en su trayectoria, pues obtuvo con ella el primer reconocimiento de su valía, una importante mención de la Academia de Parma, que supondría para él un apoyo importante después de haber fracasado en dos concursos en España, con el fin más que probable de ganar una beca para completar su formación pictórica en Italia.

Goya logró viajar a Italia y es posible que lo hiciera en compañía de Mengs, puesto que ambos se encontraban allí por las mismas fechas. Se cree que debido a esta amistad italiana el joven pintor fue recomendado a la Academia de Parma por Nicolás de Azara, el embajador español, por indicación de Mengs, quien por esas fechas ya había comenzado a apreciar la valía de Goya.

El boceto que aquí se reseña, perteneciente a una colección particular de Madrid y presentado en 1984, responde a las pautas establecidas por la Academia y coincide con los dibujos del *Cuaderno italiano*. Respecto al original, o a sus copias, no existe acuerdo acerca de su autenticidad. La que pertenece a la Fundación Selgas-Fagalde, de Asturias, ha sido considerada el original de Goya por el Museo del Prado; pero esta opinión no es compartida por todos los especialistas. Otra copia del original se guarda en una colección particular de Barcelona.

Bautismo de Cristo

De una controvertida datación, últimamente se propone esta fecha temprana, en contraposición con la establecida por Gudiol (1775-1780), posteriormente aplazada hasta 1780-1785 por otros autores que no aportaron una explicación convincente sobre ello.

Las radiografías han revelado que Goya modificó la postura de Cristo, anteriormente en genuflexión, y que el lienzo pudo ser utilizado otras veces, pues en la parte superior aparece una mano, así como una cabeza con barba en la inferior, todo lo cual ha podido dificultar la atribución de la fecha. Las razones que se esgrimen para fechar la obra entre 1771 y 1775 se refieren tanto a la influencia italiana que se advierte como a su semejanza técnica con los primeros cartones de Goya para la Real Fábrica de Tapices de Santa Bárbara. Además, un dibujo del *Cuaderno italiano* sobre la expulsión del Paraíso de Adán y Eva presenta una composición muy similar.

Esta cálida pintura de reminiscencias florentinas formaba parte de la colección de Juan Martín de Goicoechea, junto a *La Triple Generación* y otras anteriormente mencionadas.

BAUTISMO DE CRISTO
1771-1775. Óleo sobre lienzo, 45 x 39 cm
Colección conde de Orgaz, Madrid

Perros y útiles de caza

También conocido como *Perros en traílla*, este cartón forma parte de una serie de nueve bocetos para tapices destinada a decorar el comedor de los príncipes de Asturias en la zona de palacio del monasterio de San Lorenzo de El Escorial, y por este motivo se tratarán y analizarán conjuntamente las cinco obras de tamaño dispar pero con una temática común: la caza. Fue la primera de las series de cartones para tapices realizadas por Goya a lo largo de su carrera –llegó a pintar en torno a 60 cartones para la Real Fábrica– y la única sometida a la dirección de su cuñado, Francisco Bayeu, que lo recomendó para este trabajo.

Además de este cartón, la serie se compone de los titulados *Caza con reclamo, Cazador cargando su escopeta, Cazador con sus perros, Partida de caza, Pescador con caña, Muchachos cazando con mochuelo, Caza muerta* y *La caza del jabalí*. La impronta de Bayeu en estos nueve cartones, y sobre

Perros y útiles de caza
1775. Óleo sobre lienzo, 112 x 174 cm
Museo del Prado, Madrid

todo en éste, es tan acusada que ha hecho falta un cuidadoso estudio técnico y documental para asegurar su atribución. Desde que se rescataron del Palacio Real, donde permanecieron depositados en los sótanos del oficio de la tapicería, hasta que el especialista en arte Valentín Sambricio fijó definitivamente su autoría en 1946, fueron adjudicados a Francisco Bayeu, a su hermano Ramón, a Antonio González Velázquez y a otros cartonistas.

A pesar de que los especialistas han advertido la mano de Goya en esta serie, también han señalado que el estilo de Bayeu pesa más en el conjunto que el de su autor. Así, se han puesto de manifiesto las dotes de observación de Goya, la naturalidad de los cazadores o la perspectiva aérea de los paisajes como anticipos aún apenas esbozados de lo que el pintor plasmaría en las siguientes series de cartones.

Esta obra fue robada en 1869 junto con seis cartones más del Palacio Real, en cuyos sótanos de tapicería se depositaron los lienzos procedentes de la Real Fábrica de

CAZA CON RECLAMO

1775. Óleo sobre lienzo, 112 x 176 cm. Museo del Prado, Madrid

Cazador cargando su escopeta
1775. Óleo sobre lienzo,
289 x 90 cm
Museo del Prado, Madrid

Cazador con sus perros
1775. Óleo sobre lienzo,
262 x 71 cm
Museo del Prado, Madrid

Tapices de Santa Bárbara. Raimundo de Madrazo lo compró en París y lo donó al Museo del Prado en 1895.

En cuanto a *Caza con reclamo*, conocido también como *Caza con mochuelo y red*, pertenece a la serie sobre caza destinada a la decoración del comedor de los príncipes de Asturias en San Lorenzo de El Escorial y fue concebido para un tapiz de sobreventana. Predominan en él las formas geométricas sencillas, según una composición piramidal cuyo eje lo forma el perro.

De los sótanos de tapicería del Palacio Real, adonde fue trasladado hacia el año 1856 o 1857 procedente de la Real Fábrica de Tapices de Santa Bárbara, al igual que otros cartones de esta misma serie, pasó a formar parte del Museo del Prado en el año 1870. Estuvo depositado una temporada en el Ministerio de Hacienda hasta que en 1983 fue devuelto al Prado.

En el cartón *Partida de caza* o *La caza de la codorniz* Goya describe dos tipos de cacería: la de la codorniz y la de la liebre, situando hasta cuatro planos en el espacio. En primer término, coloca al cazador de a pie con el perro que olfatea, y otro grupo, formado por dos cazadores, uno de los cuales dispara a la codorniz. El otro perro recrea la transición, cubre el primer plano y el siguiente, donde aparecen otras dos figuras detrás de los árboles. Al fondo, el paisaje conforma el último plano.

De la misma procedencia, *Cazador cargando su escopeta* estuvo depositado en el Ministerio de Educación y Ciencia hasta que regresó al Museo del Prado en 1983. Su discutida autoría pudo ser establecida cuando Sambricio probó que el cazador, el perro y las dos figuras del fondo fueron debidas a la mano de Goya. Sin embargo, el paisaje de la izquierda es parte de un cartón de otro autor añadido por un restaurador en 1773.

El estilo del cartón *Cazador con sus perros*, destinado a rinconera, fue destacado como «lo más goyesco de cuantos cartones componen la primera entrega» de esta serie para tapices sobre caza. Entre las características goyescas se han indicado el naturalismo del cazador, la captación de la lejanía y el contraste de color.

PARTIDA DE CAZA O LA CAZA DE LA CODORNIZ
1775. Óleo sobre lienzo, 290 x 226 cm
Museo del Prado, Madrid

La merienda

La segunda serie para la Real Fábrica de Tapices de Santa Bárbara, destinada a decorar el comedor de los príncipes de Asturias en el palacio de El Pardo, refleja las costumbres populares. Además de *La merienda*, forman parte de esta serie *Baile a orillas del Manzanares, La riña en la Venta Nueva, El paseo de Andalucía, El bebedor, El quitasol, La cometa, Los jugadores de naipes, Niños inflando una vejiga* y *Muchachos cogiendo fruta*. Todos fueron trasladados en 1856 o 1857 desde la Real Fábrica de Tapices de Santa Bárbara a los sótanos de tapicería del Palacio Real, hasta que en 1870 ingresaron en el Museo del Prado.

En *La merienda*, el autor muestra una reunión campestre habitual de majos y majas, en las cercanías de una población, entre los cuales destaca una vendedora de naranjas. La escena también ha sido descrita como el coqueteo de la naranjera con los majos. La composición no se aparta todavía del sistema de Bayeu, si bien presenta ya algunos rasgos propios, como el bodegón de ollas y botellas del primer plano.

LA MERIENDA O LA MERIENDA A ORILLAS DEL MANZANARES
1776. Óleo sobre lienzo, 271 x 295 cm
Museo del Prado, Madrid

El paseo de Andalucía

El tema de los celos

Una pareja de gitanos

Unos hombres embozados

De inspiración teatral como otros cartones, seguramente basado en una obra de Ramón de la Cruz, *El paseo de Andalucía* o *La maja y los embozados* muestra otra de las escenas sobre costumbres populares destinada a decorar el comedor de los príncipes de Asturias en El Pardo.

El tema de los celos, que es el que se representa aquí, está protagonizado por **una pareja de gitanos** y **unos hombres embozados** en una situación que hace prever la próxima confrontación entre los hombres. La escena muestra una transición hacia una composición más compleja que las anteriores de la serie, pues en esta obra hay un eje visual, el árbol, que es el que articula todo el conjunto y cierra verticalmente el triángulo conformado por los personajes goyescos que mantienen la fuerza de la escena cerrados en sí mismos, y dirigiendo la mirada hacia la mujer, la única de todos ellos que abre los brazos sin cautela ni reservas.

El paseo de Andalucía
o La maja y los embozados
1777. Óleo sobre lienzo, 275 x 414 cm
Museo del Prado, Madrid

El quitasol

El quitasol
1777. Óleo sobre lienzo, 104 x 152 cm
Museo del Prado, Madrid

El tema de la sombrilla, elegido por Goya para este cartón destinado a decorar el comedor de los príncipes de Asturias en El Pardo, remite a una moda del siglo XVIII en que este objeto llegó a convertirse en el símbolo del cortejo y la galantería. El significado del quitasol trasciende también el sentido galante que tenía en la pintura europea contemporánea para adquirir un carácter moral y costumbrista a la vez. La pareja del cartón,

lejos de serlo, está disociada por la clase social que representa cada una de las figuras: ella es una dama aristocrática, ataviada a la francesa, de espaldas al supuesto galán; y él, un majo del pueblo, ajeno a la vanidad de la figura femenina. Ambos representan los dos tipos que hacían furor en la época.

La obra refleja la influencia de la pintura rococó en el autor, aunque más por la temática que por la composición. Los investigadores han señalado varios precedentes, principalmente la obra *Vertumno y Pomona*, de Jean Ranc. El alejamiento de los cánones compositivos de Bayeu es más patente en *El bebedor*, compañero de *El quitasol*. En ambos el autor organiza un espacio piramidal delimitado por un montículo, en el que coloca las figuras del primer plano, en este caso el hombre que bebe de una bota, a cuyo lado se encuentra un joven comiendo un rábano. Tras la elevación del terreno aparecen las figuras del segundo plano. Este tipo de composición, fruto de las enseñanzas de Mengs, se fue afianzando en las siguientes entregas de esta serie de cartones.

EL BEBEDOR

1777. Óleo sobre lienzo, 107 x 151 cm. Museo del Prado, Madrid

La cometa

La cometa

1777-1778. Óleo sobre lienzo, 269 x 285 cm

Museo del Prado, Madrid

Los jugadores de naipes

1777-1778. Óleo sobre lienzo, 270 x 167 cm

Museo del Prado, Madrid

Con la entrega de este cartón y otros tres más, *Los jugadores de naipes, Niños inflando una vejiga* y *Muchachos cogiendo fruta*, Goya concluía el encargo de la Real Fábrica de Tapices de Santa Bárbara para el comedor de los príncipes de Asturias en el madrileño palacio de El Pardo.

Un grupo de majos aprovecha el montículo para hacer volar la cometa, mientras que otras figuras aparecen relegadas a un segundo plano tras la elevación del terreno.

El edificio del fondo se ha querido identificar con la cúpula en construcción de la iglesia de San Francisco el Grande, pero la crítica ha puesto de manifiesto que las obras ya estaban concluidas cuando Goya entregó este cartón.

El pintor sigue aquí el esquema piramidal de los cartones anteriores, pero en éste resulta evidente que ya no concibe el espacio como un lugar en el que se insertan las figuras, sino que son éstas las que se utilizan para articularlo, generando una secuencia tridimensional de proporciones equilibradas.

En esta obra se ha visto también una mayor riqueza de color y de contrastes lumínicos, predominando las superficies claras de los fondos y los tonos oscuros y opacos del grupo de figuras. La variedad cromática empleada denota una vez más el desinterés de Goya por facilitar el tejido de los tapices que poco más tarde le ocasionaría un problema con la fábrica, hasta el punto de que le sería devuelto uno de los cartones.

El ciego de la guitarra

El ciego de la guitarra
1778. Óleo sobre lienzo,
260 x 311 cm
Museo del Prado, Madrid

Las medidas de la serie completa de los cartones para tapices que iban a decorar el dormitorio y el vestidor de los príncipes de Asturias en el palacio de El Pardo estuvieron disponibles en octubre de 1777, por lo que Goya, que aún se hallaba realizando los cartones para el comedor del mismo palacio, tuvo que simultanear ambos encargos.

El último de los cartones para el dormitorio, *El juego de la pelota a pala*, fue realizado para sustituir *El ciego de la guitarra*, una obra de grandes dimensiones concebida para decorar el paño principal del dormitorio. La realización de *El ciego de la guitarra* evidenció la tensión hasta ese momento solapada entre el pintor y los tejedores, pues seis meses después de haberlo entregado, el cartón le fue devuelto al pintor con las modificaciones que debía incluir.

No se sabe cuándo finalizó el pintor la segunda versión, en la que, en efecto, introdujo las correcciones solicitadas –eliminación de algunas figuras y subrayado en blanco de todos los contornos para facilitar la labor de los tejedores–, además de reducir sus medidas, pues su ubicación había variado y tuvo que ser colocado en el vestidor.

El resultado fue una obra con una escena central cubierta por diferentes personajes de carácter costumbrista que miran ensimismados al ciego de la guitarra, completamente estático, jalonado por los **niños espectadores que siguen su actuación.**

Todos los lienzos de la serie dedicada al dormitorio, excepto *Los niños del carretón*, que se encuentra en el Museum of Art de Toledo (Ohio), siguieron la misma trayectoria que la mayor parte de los cartones para tapices hasta que quedaron depositados en el Museo del Prado en el año 1870.

Niños espectadores que siguen su actuación

La feria de Madrid

En *La feria de Madrid* Goya reflejó la variedad de gentes congregadas por el mercado madrileño, una especie de «rastro», que podría estar situado en la plaza de la Cebada. El tema se cree inspirado en *El anticuario*, una obra pintada unos años antes por Luis Paret, y podría constituir una crítica a la costumbre implantada por entonces de imitar la moda francesa, puesto que los objetos que se exponen son los clásicos de la decoración española –uno de los cuadros que están a la venta en esta escena podría ser un Velázquez–, de los que las familias nobles se desprendían para adecuar el mobiliario de sus casas al gusto francés.

Ollas y otras piezas de la vajilla

Jarros de brillo cobrizo

Este cartón formaba parte de la serie para tapices destinada a decorar el dormitorio de los príncipes de Asturias en El Pardo, y es el que ha resultado más oscurecido de la serie por el efecto de su preparación rojiza, que invade principalmente la parte inferior del cuadro, donde **ollas, jarros y otras piezas de la vajilla** destacan por el **brillo cobrizo**, frente al atuendo, el carruaje y el paisaje rojo pero menos vibrante.

Los personajes centrales de la escena destacan por su vestuario, cromáticamente muy rico y principal foco de atención para el espectador que posará sus ojos desde los zapatos con hebilla al sable que blande el personaje masculino protagonista.

LA FERIA DE MADRID

1778-1779. Óleo sobre lienzo, 258 x 218 cm

Museo del Prado, Madrid

El cacharrero

Del conjunto de tapices para el dormitorio de los príncipes de Asturias en el palacio de El Pardo, este cartón es el que ha despertado mayor admiración entre los entendidos. En *El cacharrero*, Goya presenta a un valenciano ofreciendo sus piezas de vajilla a dos señoras que están eligiendo sentadas. **Una anciana ensimismada** que las acompaña sujeta un recipiente de loza.

Una anciana ensimismada

Disposición entrecruzada de las figuras y elementos

De espaldas a ellas, dos caballeros, también sentados, miran el paso del carruaje, conducido por un cochero y en el que viajan una señora y sus lacayos. Al fondo se distinguen otras figuras y se recortan los edificios de la cercana ciudad a la que se dirige el coche. Las distintas clases sociales, con sus vestiduras características, confluyen en esta obra compartiendo la acción, igual que en los demás cartones de la serie.

La cualidad que distingue principalmente a este cartón sobre el resto del conjunto consagrado a la feria madrileña es su acertada composición, en la línea piramidal ensayada en obras anteriores, pero que alcanza aquí su mayor equilibrio y perfección debido a la **disposición entrecruzada de las figuras y elementos,** que ofrece un espacio extendido en todas las direcciones.

EL CACHARRERO
1778-1779. Óleo sobre lienzo, 159 x 220 cm
Museo del Prado, Madrid

Muchachos jugando a soldados

Ni este cartón ni su compañero, *Los niños del carretón*, parecen responder al tema de las ferias y mercados madrileños correspondiente a la decoración con tapices del dormitorio de los entonces príncipes de Asturias en el palacio de El Pardo. En otras series de tapices Goya recurrió también a las escenas de juegos infantiles para los que estaban destinados los sobrepaños de puertas o ventanas, como es el caso de este cartón y de su compañero, el único de esta serie que no se conserva en el Museo del Prado. En 1870 fue robado y apareció más tarde en colecciones particulares de Boston y Nueva York, hasta que Edward Drummond Libbey lo donó al museo donde está en la actualidad.

La escena representada está brillantemente resuelta en cuanto a la sucesión de planos y la difícil composición de tantas figuras en un espacio tan reducido.

El lienzo presenta una sutil gama cromática, en la misma línea de la serie a la que pertenece, y se desprende de él la alegría propia de este ruidoso juego infantil en que los niños tocan el tambor y otros instrumentos.

LOS NIÑOS DEL CARRETÓN
1779. Óleo sobre lienzo, 146 x 94 cm
Museum of Art, Toledo (Ohio)

MUCHACHOS JUGANDO A SOLDADOS
1778-1779. Óleo sobre lienzo, 146 x 94 cm
Museo del Prado, Madrid

El columpio

Perteneciente al conjunto de cartones para tapices del vestidor del futuro Carlos IV y su esposa María Luisa de Parma en el palacio de El Pardo, *El columpio* es el primero de los temas elegidos para plasmar ambientes característicos de la periferia de Madrid y su paisaje.

La novillada, Las lavanderas, El resguardo de tabacos, El niño del árbol, El muchacho del pájaro, Los leñadores, El majo de la guitarra, La cita y *El médico*, además de *El perro* y *La fuente* –ambos en paradero desconocido–, completan esta serie, cuyos bocetos están repartidos en varias colecciones del mundo.

Figura vigilante y estática

Excepto *El médico*, que se conserva en la National Gallery of Scotland de Edimburgo, todos ellos pertenecen al Museo del Prado. Tanto *El médico* como *El majo de la guitarra* fueron robados junto con otros cartones en 1870 de los sótanos de la tapicería del Palacio Real de Madrid, aunque el último pudo ser recuperado por el Museo del Prado.

El columpio, igual que la sombrilla, fue un tema del gusto rococó, un símbolo erótico utilizado por Goya sin cargar el acento en él, por lo que no dejó claro que ésta fuera su intencionalidad. En la escena campestre aparecen cuatro niños custodiados por tres criadas, una de las cuales es la que se columpia, mientras que al fondo, un cochero y un carruaje esperan para emprender el camino de vuelta a la ciudad. Cierra la escena la **figura vigilante y estática** del perro situado en el primer plano, una constante en las obras del artista zaragozano.

El columpio
1779. Óleo sobre lienzo, 260 x 165 cm
Museo del Prado, Madrid

Las lavanderas

Junto con *El columpio*, este cartón es uno de los de mayores dimensiones del conjunto realizado por el artista para los tapices del vestidor de los príncipes de Asturias y destinado al madrileño palacio de El Pardo.

Aunque algunos autores han encontrado significados simbólicos a la escena –la lascivia simbolizada en la cabra o **la indolencia de la joven dormida**, que representaría la melancolía–, la mayoría de los críticos cree que el cartón no pretende insinuar otra cosa que la indicada: **unas lavanderas descansando** tras haber realizado su trabajo.

Como en el resto de la serie, la escena transcurre en el campo, en la periferia de Madrid, un escenario que se nos revela también como el lugar donde las clases populares desarrollan determinados trabajos y donde encuentran un momento para solazarse y descansar tras realizar sus obligaciones diarias.

LAS LAVANDERAS
1779-1780. Óleo sobre lienzo, 218 x 166 cm
Museo del Prado, Madrid

El paisaje enmarca el quehacer diario de los personajes de la época, las costumbres populares se han convertido en protagonistas de los cuadros de Goya y cobran más importancia incluso que los personajes de la Corte inmortalizados por él en los magníficos retratos que le encargarían años después.

La indolencia de la joven dormida

Unas lavanderas descansando

La novillada

Como pareja de *El resguardo de tabacos*, este cartón simbolizaría la virilidad frente al erotismo de las escenas del columpio y las lavanderas. En la figura que sortea al toro mirando hacia el espectador se ha querido ver un autorretrato de Goya, pero no existe documentación al respecto. Mientras que para unos a Goya le hubiera gustado retratarse de esta guisa, debido a su afición a los toros, a otros les parece poco coherente que la misma persona que poco después se retrataría en *La predicación de San Bernardino de Siena* deseara pintarse en esta actitud. Este cartón incide en el juego de claroscuros. Los tonos de los colores utilizados corresponden a los planos de composición: luces en la escena más cercana, y sombras y matices en el fondo para dar paso al paisaje que cierra el plano.

En cuanto a *El resguardo de tabacos*, por la forma de interpretar el tema, Goya se manifiesta también como un ilustrado, pues en lugar de pintar como héroes a los contrabandistas, son los guardias los que parecen gallardos y valentones, por lo que usurpa para ellos la imagen ideal trazada por la picaresca. El paisaje madrileño adquiere un importante protagonismo en esta escena, que tiene ciertos recuerdos velazqueños, igual que el resto de los cartones de esta serie.

EL RESGUARDO DE TABACOS
1779-1780. Óleo sobre lienzo, 262 x 137 cm
Museo del Prado, Madrid

LA NOVILLADA
1779-1780. Óleo sobre lienzo, 259 x 136 cm
Museo del Prado, Madrid

EL NIÑO DEL ÁRBOL
1779-1780.
Óleo sobre lienzo,
262 x 40 cm
Museo del Prado,
Madrid

EL MUCHACHO
DEL PÁJARO
1779-1780.
Óleo sobre lienzo,
262 x 40 cm
Museo del Prado,
Madrid

El niño del árbol

Cesta situada en el suelo, símbolo de la virtud femenina, y caza del pájaro, que tradicionalmente tiene reminiscencias eróticas

Destinados a una de las rinconeras del vestidor de los príncipes de Asturias en el palacio de El Pardo, estos cartones han sido poco valorados por la crítica hasta fechas recientes debido a su peculiar formato, muy distinto al utilizado en otros cartones anteriores. La composición, calificada de «graciosa», es desde luego muy acertada dado el difícil formato al que se debía ajustar.

Janis A. Tomlinson ha sugerido que en *El niño del árbol* **la cesta situada en el suelo** podría indicar que uno de los niños trata de alcanzar los huevos de un nido, símbolo de la virtud femenina. Mientras tanto, otro niño, escondido y agazapado, observa la escena que, a pesar del escaso espacio disponible, destila mucho movimiento y alegría infantiles.

En cuanto a *El muchacho del pájaro,* que representa a un niño sentado al pie de un árbol y jugando con un pajarito, su ubicación también era una de las rinconeras del vestidor de los príncipes de Asturias en el palacio de El Pardo.

Igual que su pareja, este cartón ha sido escasamente destacado entre los críticos, a pesar de la dificultad que entrañaba componer una escena con ilusión de profundidad en un formato tan acusadamente alargado, donde el juego de planos y la unidad entre las partes inferior y superior del cuadro –niños y ramas– traza la curvatura que posee el tronco de ambos árboles . Sentado de espaldas al espectador, un muchacho vestido con traje popular sujeta un pequeño pájaro en su mano izquierda mientras lo acaricia de forma delicada con la derecha.

Entre los significados simbólicos apuntados por los estudiosos, cabe mencionar la posible alusión a la primavera –al igual que en *Las lavanderas, Los leñadores* y *El niño del árbol*–, o bien la búsqueda de amantes de la mujer, representada aquí por la **caza del pájaro**, un motivo erótico tradicional. No existe ninguna documentación que apoye esta teoría.

Los leñadores

El cartón *Los leñadores*, perteneciente a la serie realizada para decorar el vestidor de los príncipes de Asturias en El Pardo, fue concebido como sobreventana y se considera pareja de *El majo de la guitarra*.

Algunos críticos han coincidido en clasificarlo entre los de menos interés del conjunto de la obra de Goya, basándose sobre todo en el uso de la preparación rojiza como un color más. Sin embargo, como se ha visto, esta utilización es una constante en la obra de este autor y una de las características que se resaltan a la hora de valorar la agilidad de su pincel. En cuanto a *El majo de la guitarra*, sustraído en 1870 junto con otros tapices de los sótanos del Palacio Real, fue adquirido en 1895 en París por Raimundo de Madrazo, quien lo donó al Museo del Prado aquel mismo año.

Como *Los leñadores*, con el que forma pareja para una de las sobreventanas o sobrepuertas del vestidor de los príncipes de Asturias en El Pardo, este cartón no ha gozado de las preferencias de la crítica.

Por el recibo presentado para el pago del pintor, se sabe que este cartón fue entregado junto con otros diez destinados a esta serie, y que todos ellos los realizó en el corto plazo de seis meses.

EL MAJO DE LA GUITARRA
1779-1780. Óleo sobre lienzo,
137 x 112 cm
Museo del Prado, Madrid

Los leñadores

1779-1780. Óleo sobre lienzo, 141 x 114 cm. Museo del Prado, Madrid

«Regina Martyrum»

VIRGEN EN GLORIA Y MÁRTIRES (BOCETO)
1780-1781. Óleo sobre lienzo,
65 x 165 cm
Museo Pilarista, Zaragoza

La altitud de esta cúpula impidió durante generaciones que *Regina Martyrum (A María, Reina de los Mártires)* fuera valorada en su justa medida, por lo que ha habido que esperar a las técnicas fotográficas recientes, que han permitido apreciar de cerca **la riqueza de colorido** y la soberbia factura de cada uno de esos detalles, para considerarla entre las obras geniales de su autor.

Es la obra que ocasionó el más grave enfrentamiento entre Goya y su cuñado Francisco Bayeu, debido a la incomprensión de éste. Bayeu, llamado por el cabildo catedralicio para realizar varias bóvedas y cúpulas de la basílica, solicitó la ayuda de su hermano Ramón y de su cuñado Francisco, a cada uno de los cuales encargó dos cúpulas. Goya sólo llegó a realizar ésta, pero cuando presentó al cabildo dos bocetos, *Virgen en gloria y mártires* y *Mártires en gloria*, que se conservan en el Museo Pilarista de Zaragoza, ambos recibieron una aprobación entusiasta.

Cada boceto corresponde a una de las dos mitades de la bóveda y está realizado sobre un lienzo rectangular, en el cual inscribió el semicírculo de la bóveda. La

Detalles

MÁRTIRES EN GLORIA (BOCETO)
1780-1781. Óleo sobre lienzo, 65 x 165 cm
Museo Pilarista, Zaragoza

La riqueza de colorido

concepción de las dos escenas en ambos bocetos es apaisada y plana, por lo que Goya hubo de variar de planteamiento en su realización final, debido a la complejidad de la superficie abovedada que debía pintar.

El ajuste definitivo de los bocetos al espacio de la cúpula tuvo como resultado una nueva distribución de las figuras, más

Un dibujo escasamente perfilado

sueltas y libres en el espacio, y una ejecución a base de grandes brochazos y manchas, con **un dibujo escasamente perfilado.** El cariz abocetado del conjunto chocó con los gustos de la Junta del Cabildo y también con los de Bayeu. Unos y otros esperaban una realización más acabada, con figuras contenidas pero bien definidas, en la línea del estilo neoclásico que se estaba imponiendo.

Para resolver el conflicto hubo que recurrir al prior de la cartuja de Aula Dei, el padre Salcedo, con el que el pintor había entablado amistad, para que actuase como mediador. El enfrentamiento con Bayeu trajo secuelas posteriores y pasarían algunos años hasta que se restablecieran de nuevo unas relaciones cordiales entre ellos.

El conjunto de la cúpula está considerado una de las obras cumbre de la producción goyesca, fruto de su formación barroca y rococó a la que el pintor incorporó un realismo novedoso. Las figuras de la Virgen y los santos se complementan con las imágenes de las pechinas, que simbolizan la Caridad, la Fe, la Fortaleza y la Paciencia, y están inspiradas en Cesare Ripa.

Cristo crucificado

Esta versión clásica del Cristo crucificado le valió a Goya la concesión del título de académico, otorgado por unanimidad. Alabada durante décadas por la crítica, se ha cuestionado su originalidad, puesto que Goya se permitió menos libertades de las que se tomaba habitualmente e hizo concesiones al gusto neoclásico de la época para arrancar el aplauso de sus colegas y hacerse con un título que suponía reconocimiento social.

Entre sus precedentes se cuenta el *Cristo* de Mengs, que presenta una misma posición de la cabeza y una expresividad similar. También se ha comparado con el *Cristo crucificado* de Velázquez.

Goya representa una figura menos dramática, resuelta con una luz más difusa, si bien destaca la figura sobre un fondo negro, igual que hiciera Velázquez, algo en lo que se diferencia de la obra referida de Mengs.

Se cree que la Academia valoró precisamente el aislamiento de la figura, pues convirtió la pintura en un estudio academicista, un modelo de desnudo, que pone de relieve la maestría técnica de su autor, resuelto con un delicado modelado y una matizada gradación del colorido.

Los elogios recibidos se tornaron críticas en el siglo XX, por la acusación de la falta de devoción que denota la expresión de sufrimiento de Cristo y el escaso dramatismo de su figura.

El hecho de que el cuadro fuera colocado en la iglesia del convento de San Francisco el Grande por orden de Floridablanca, demuestra su ortodoxia religiosa. Con la desamortización, el lienzo fue trasladado al Museo de la Trinidad. Al fusionarse esta entidad con el Museo del Prado en 1873, la obra pasó a engrosar la colección de Goya en esta pinacoteca.

CRISTO CRUCIFICADO
1780. Óleo sobre lienzo, 255 x 154 cm
Museo del Prado, Madrid

Cornelio Vandergoten

La atribución de esta obra está puesta en duda por la distinta técnica que se aprecia en ella en relación con otros retratos realizados por Goya en las mismas fechas.

Su procedencia también es oscura, pues no figura en el inventario de Nuevas Adquisiciones y sólo aparece citada en el catálogo del Museo del Prado de 1920, donde se dice que en el año 1861 el cuadro fue adquirido por 500 pesetas a la Junta Iconográfica.

Cornelio Vandergoten era hijo del primer director de la Real Fábrica de Tapices de Santa Bárbara, cargo que heredó de su hermano un año antes de que Goya se incorporara como pintor de cartones.

En cuanto a *Hombre con espada*, representa a un desconocido y llama la atención por su carácter humano, dado por el gesto desconfiado de su mirada. El florete que atraviesa en diagonal el cuadro le añade dinamismo a la escena, ya que se mantiene activo y en alto, marcando una diagonal cerrada por el botón de seguridad de la punta del arma. Destaca sobre el fondo neutro, vestido con casaca oscura abierta, con cuellos y chorrera de encaje blanco, una figura desafiante enmarcada por un leve halo más claro que le añade profundidad al cuadro y enmarca la sencilla indumentaria.

CORNELIO VANDERGOTEN
1782. Óleo sobre lienzo,
62 x 47 cm
Museo del Prado, Madrid

HOMBRE CON ESPADA
Hacia 1783. Óleo sobre lienzo,
82,2 x 62,2 cm
Colección Algur H. Meadows,
Dallas (Texas)

La Sagrada Familia

Adquirida por el Museo del Prado en 1877 por recomendación de la Real Academia de Bellas Artes de San Fernando, su atribución y datación siguen presentando dudas a los investigadores.

Ya cuando fue recomendada se consideró una obra de estilo «bien diferente» al goyesco y no se han encontrado referencias documentales que aseguren su atribución. A falta de esta documentación, los estudios técnicos se han concentrado en establecer comparaciones con otras obras de Goya para asegurar su autoría y determinar su datación.

La composición, por ejemplo, de carácter piramidal y con una base cuadrada formada por los pliegues del manto de la Virgen, corresponde a la utilizada en algunos de los cartones para tapices, como ya se ha visto.

El tratamiento de la luz, en fuerte contraste entre el fondo oscuro y el foco que ilumina a los personajes se parece al empleado en el *Cristo crucificado* que le valió a Goya su ingreso en la Academia.

Más concomitancias se han encontrado en la combinación de colores, similar tanto a *La Anunciación* (Museo del Prado, Madrid), como a la figura de la Virgen del convento de Santa Ana. Entre las diferencias con el estilo habitual de Goya, se han señalado la falta de fluidez de la pincelada y su carencia de volumen, así como la ausencia de superposiciones de color.

La Sagrada Familia
Hacia 1780-1789. Óleo sobre lienzo, 203 x 148 cm
Museo del Prado, Madrid

El conde de Floridablanca

El primer contacto entre Goya y el conde de Floridablanca se produjo con motivo del encargo de *La predicación de San Bernardino de Siena* para la iglesia de San Francisco el Grande.

El valido de Carlos III no había quedado demasiado complacido por el resultado global de aquellas obras y tampoco demostraría su aprobación de este retrato, por el que Goya ni siquiera cobró. Sin embargo, el pintor se convirtió en el principal retratista de personajes de la Corte y la aristocracia madrileñas.

José Moñino, nombrado por Carlos III conde de Floridablanca por los servicios prestados durante su estancia en Roma como embajador, en donde consiguió la disolución de la Compañía de Jesús, acababa de promover la creación del Banco de San Carlos, la primera institución financiera española, cuyo primer director fue Francisco de Cabarrús.

Nada más retratar a Floridablanca, Goya pintó a todos los directivos de esa entidad, en la que incluso invirtió su propio capital. El retrato de Floridablanca que se conserva en el Museo del Prado, en el que el primer ministro aparece en solitario, con **un papel en la mano** con la inscripción «Memoria para la formación del Banco Nacional de San Carlos», podría formar parte de esa serie de retratos, aunque se duda de la intervención de Goya en esta pintura, y bien pudiera ser una copia de taller.

En 1974 el cuadro fue donado al Museo del Prado con reserva en usufructo vitalicio por el marqués de Casa Torres. A su muerte, en 1984, pasó a la colección de esta pinacoteca.

Un papel en la mano

El conde de Floridablanca
1783. Óleo sobre lienzo, 175 x 112 cm
Museo del Prado, Madrid

El infante don Luis de Borbón

EL INFANTE DON LUIS DE BORBÓN
1783. Óleo sobre lienzo, 48,5 x 39,4 cm
Colección duques de Sueca, Madrid

Esta obra es un estudio preparatorio de *La familia del infante don Luis de Borbón* y pareja del de su esposa, *María Teresa Vallabriga*, realizado también como apunte para el cuadro de la familia del infante. Luis de Borbón no sólo tuvo una gran importancia en la carrera de Goya, sino que está considerado uno de los principales mecenas de la época. Pudo reinar a la muerte de su hermanastro, Fernando VI, pero fue desplazado por Carlos III, el hijo mayor de Isabel de Farnesio, quien dejó en manos de su primogénito el reino de Nápoles para ocupar el trono de España.

La relación entre ambos hermanos nunca fue buena. El monarca lo alejó de la Corte aduciendo razones morales –una vida disipada en el terreno carnal que no era del agrado de Carlos III–, motivo por el que lo desterró a varios lugares, hasta que se estableció en Arenas de San Pedro. Su matrimonio con María Teresa Vallabriga, una

María Teresa de Villabriga

MARÍA TERESA DE VILLABRIGA
1783. Óleo sobre tabla, 47,5 x 39 cm
Museo del Prado, Madrid

joven de ascendencia aragonesa, perteneciente a la baja nobleza, empeoró aún más sus relaciones con Carlos III.

El perfil del infante y las cualidades de la piel y la peluca, pintados con una gran economía de medios, están perfectamente logrados. La transparencia de la mirada y el aire cansado del infante, captados con una excepcional maestría, son fruto de las dotes de observación de que siempre hizo gala el pintor. Los atributos de su rango, como las bandas azul –de la orden de Carlos III– y roja –del Toisón de Oro– junto con el lazo de la coletilla, pequeños detalles apenas perceptibles, fueron ejecutados con gran delicadeza. En cuanto a ella, el pintor ofrece una imagen sencilla y cercana, sin artificios.

La efigie de María Teresa está tratada de manera sobria y esquemática, con pinceladas rápidas, a través de las cuales ofrece una imagen sencilla y cercana de esta joven carente de artificios, retratada al natural.

La familia del infante don Luis de Borbón

La familia del infante don Luis de Borbón
1784. Óleo sobre lienzo, 248 x 340 cm
Fundación Magnani Rocca, Corte di Mamiano, Parma

Esta composición está considerada una de las primeras obras maestras de Goya. Realizada durante su segunda estancia en Arenas de San Pedro, en octubre de 1784, refleja el aire de intimidad del que participó Goya en compañía de esta familia apartada de la Corte.

El artista refleja a la familia del infante en su vida cotidiana, rodeado de su esposa, hijos, criados y algún visitante. Mientras él se entretiene haciendo un solitario con las cartas, un criado peina a su esposa. Detrás están sus hijos mayores: el futuro cardenal arzobispo don Luis y María Teresa, interesada en el trabajo del pintor, incluido en el cuadro. Las camareras parecen sorprenderse ante un espectador situado fuera de la tela, al que dirigen sus miradas algunos de los personajes que rodean a la familia. En contraste con la penumbra que envuelve a criados y visitantes, la niña pequeña, recostada en brazos de la niñera, aparece fuertemente iluminada por la luz de la vela, igual que sus padres y hermanos, para subrayar quién forma parte del grupo familiar. Lo que más llama la atención de esta obra es la clara referencia a *Las meninas* de Velázquez.

Goya, que preparó este cuadro realizando los bocetos de perfil del infante y María Teresa, también retrató por separado a los niños, dando muestras una vez más de su predilección por la pequeña María Teresa, de quien hizo un magistral retrato de adulta, como condesa de Chinchón.

Inmaculada

Esta obra es una de las pocas atribuidas a Goya cuya autoría no está admitida por todos los críticos. El cuadro permaneció ignorado durante años en los depósitos del Museo del Prado, hasta que en 1977 el entonces director de la institución, Xavier de Salas, ratificó su autoría aportando pruebas documentales que relacionaban esta imagen con una de la colección de Jovellanos.

En el dorso de la pintura, la inscripción «Original de Goya, procede de la galería del Excmo. Sr. D. Gaspar Jovellanos/Me la regaló D. Acisclo Fernández Vallín preceptor que fue de mi hijo Felipe» es uno de los documentos probatorios. Además de esta prueba, Xavier de Salas documentó su tesis con una carta de Jovellanos, en la que el ilustrado citaba un boceto de la Concepción realizado por su amigo Goya.

Sin embargo, otros estudiosos del pintor zaragozano han puesto en duda la autenticidad del primer documento, puesto que la inscripción es autógrafa de Eulalia García de Rivero, la propietaria del cuadro hasta que se lo compró el Ministerio de Fomento en 1891. Por otra parte, la referencia a Acisclo Fernández Vallín no contribuye a reafirmar la autoría de Goya, antes al contrario, pues se sabe que este aficionado a la pintura, vinculado al Instituto Jovellanos, había realizado una copia del retrato goyesco de este ilustrado en 1848.

La obra fue depositada en el Museo del Prado en 1892 acompañada de un informe de la Real Academia de Bellas Artes de San Fernando, previo a la compra por el Ministerio de Fomento, en el cual no se ponía en cuestión la atribución a Goya. Sin embargo, el único testimonio de la utilización de este tema por Goya es el boceto que aquí se reseña, preparatorio seguramente del encargo que le hiciera Jovellanos para el altar mayor de la iglesia del colegio de la Orden de Calatrava, en Salamanca, cuyos lienzos desaparecieron durante la Guerra de la Independencia.

INMACULADA
1784. Óleo sobre lienzo, 80,2 x 41 cm
Museo del Prado, Madrid

La Anunciación

Entre los primeros aristócratas en contratar a Goya se encuentran los duques de Medinaceli, que le encargaron la realización de este lienzo para la capilla de los padres capuchinos de San Antonio del Prado.

Goya modificó el vivo y colorista planteamiento del boceto, en el que aparecía Dios Padre con un coro de ángeles, que quedó suprimido en la versión definitiva.

No obstante, el autor conservó la paloma del Espíritu Santo, a través de la cual desciende el rayo divino portador del mensaje a la Virgen, postrada frente a un ángel. Al prescindir del remate de la parte superior, se consigue que la obra resulte más abierta y espiritual.

Goya, que se había formado en la tradición escolapia, conocía a la perfección los pormenores del culto de la Anunciación, cuyos elementos simbólicos introduce en la obra: el lirio que simboliza la triple virginidad de la Virgen, el cesto de labor y un rollo alusivo a la profecía del Salvador del Antiguo Testamento, según la cual éste habría de nacer de una virgen. El manto azul de la Virgen simboliza su pureza, y la túnica roja anuncia los sufrimientos futuros.

La actitud de María, con la cabeza inclinada, indica su sumisión al mandato del Cielo. El mensajero divino, de un volumen monumental, acapara el protagonismo de la escena, subrayando con su impositiva presencia la humildad de la Virgen.

El efecto avasallador de esta figura está potenciado por el carácter colosal de la pintura, cuya escena se contempla de abajo arriba, desde un escalón inferior a la sólida escalinata en la que el autor la situó.

LA ANUNCIACIÓN
1785. Óleo sobre lienzo, 280 x 177 cm
Colección duquesa de Osuna, Sevilla

El efecto avasallador de esta figura

La marquesa de Pontejos

María Ana de Pontejos y Sandoval, marquesa de Pontejos, fue la esposa del hermano del conde de Floridablanca, Francisco Antonio Moñino y Redondo, con el que se casó en 1786. Fue dueña de una gran fortuna, pero la suerte no la acompañó.

La idea de introducir un retrato en un paisaje no era nueva en España, aunque fue por estas fechas cuando este tipo de composición, a imitación de sus grandes cultivadores ingleses, como sir Joshua Reynolds y Thomas Gainsborough, se puso de moda, por lo que es probable que la marquesa la solicitara expresamente al pintor.

Desde principios de siglo se había utilizado este tipo de retratos en la Corte, de los cuales hay ejemplos de los reyes Felipe V y Fernando VI, realizados por Jean Ranc y Michel van Loo. Goya, que ya había dado muestras de su habilidad para pintar paisajes en sus series de cartones para tapices, realizó en este retrato una ambientación campestre de una calidad excepcional.

Destaca el dominio del colorido mostrado por el pintor en esta obra, en la que combinó con extremada sabiduría una variedad inusitada de grises con los verdes del fondo y los castaños del primer plano. Añadió toques de rosa en los detalles florales y la banda de la cintura, y tenues azules en los remates del sombrero, consiguiendo con ellos que el atuendo adquiriera consistencia a pesar de la vaporosidad y transparencia de sus tejidos.

La fragilidad de la protagonista, de rasgos delicados y fría expresión, conjuga con el detallado y sutil trazado de los distintos elementos de su vestimenta, y contrasta con su pequeño acompañante, el perro adornado con cascabeles, al que el pintor supo dotar de plena vitalidad.

LA MARQUESA DE PONTEJOS

Hacia 1786. Óleo sobre lienzo, 211 x 126 cm

National Gallery of Art, Washington

Las floreras

No se ha podido ubicar la sala donde estuvo el comedor del príncipe en El Pardo, por lo que ha sido imposible reconstruir la situación planeada para el conjunto de cartones dedicado al tema de las cuatro estaciones que se hicieron para tapizar esa habitación. En realidad, los tapices se colocaron aleatoriamente en El Escorial, pues a la muerte de Carlos III, su hijo prefirió este lugar para el descanso y se abandonaron los proyectos de decoración de El Pardo.

La serie, compuesta por *Las floreras* o *La primavera, La era* o *El verano, La vendimia* o *El otoño* y *La nevada* o *El invierno*, se completaba con otras escenas: *El albañil herido, Los pobres de la fuente* y quizá *Gatos riñendo; Pastor tocando la dulzaina, Cazador al lado de una fuente, Marica en la rama de un árbol, El niño del carnero* y *Niños con perros de presa.* Se conservan bocetos de la mayoría de las escenas de la serie, lo que permite analizar los cambios que introdujo el autor.

En el caso de *La primavera*, las diferencias que se aprecian entre el boceto y el cartón definitivo responden a la intención del autor de dar un mayor realce a la simbología de la flor y el conejo, los dos elementos alegóricos de este cartón que aluden, respectivamente, a la primavera y la fertilidad. Según han demostrado los críticos, las líneas de la composición, al confluir en la flor, destacan su importancia simbólica. Por los sentimientos que evoca y la diversidad de formas, colores y perfiles de las flores y otros elementos, el estilo de esta obra ha sido clasificado como rococó.

Como casi todos los cartones para esta serie, pasó de la Real Fábrica de Tapices de Santa Bárbara a los sótanos del Palacio Real. Ingresó en el Museo del Prado en 1870.

LAS FLORERAS O LA PRIMAVERA
1786-1787. Óleo sobre lienzo, 277 x 192 cm
Museo del Prado, Madrid

La era

Es uno de los cartones para tapiz de mayores dimensiones de todos los realizados por Goya. Forma parte de la serie concebida para decorar el comedor del príncipe en El Pardo, aunque ninguno de los tapices fue colocado en ese palacio.

Realizado con una bien resuelta composición piramidal dado el formato alargado de este lienzo, las figuras aparecen más sueltas y estilizadas que en el boceto preparatorio. Al contrario que en *Las floreras*, el tema está tratado con mayor originalidad, pues en lugar de utilizar en primer término la simbología de la espiga, prefirió representar el verano en su aspecto campesino, en relación con la recolección. El trigo, colocado por todas partes de una forma realista, sirve para identificar la estación sin necesidad de que aparezca especialmente destacado. El autor tampoco intentó glorificar los valores campesinos, pues presenta al grupo en un

La era o El verano
1786-1787. Óleo sobre lienzo, 276 x 641 cm
Museo del Prado, Madrid

momento de descanso, dedicado a entretenerse con actividades diversas. Completa esta serie *Marica en la rama de un árbol,* que fue concebido para acompañar al anterior. La marica, ave más conocida como urraca, simboliza el verano. El excelente estado de conservación de este lienzo ha permitido a los expertos observar la técnica de Goya sin las intromisiones añadidas en otros tapices por las sucesivas restauraciones y forrados. Así, se ha visto que Goya comenzó pintando franjas horizontales de color, sin dibujo previo, y que fue trazando las ramas, las hojas y los pájaros con toques de pincel seguros y precisos.

La vendimia

El principal valor que destacan los estudiosos en este cartón es que se trata de un compendio de las cualidades pictóricas alcanzadas por Goya hasta ese momento. Valeriano Bozal ha resaltado, en concreto, la perfección de esta composición piramidal. Otros investigadores han puesto de manifiesto la continuidad del ritmo de los brazos de los personajes en la ondulación de la cordillera del fondo, un rasgo que se observa también en *La gallina ciega*.

El lienzo pertenece a la serie dedicada a las estaciones del año realizada por Goya para la decoración con tapices del comedor del príncipe en El Pardo, si bien el tapiz correspondiente nunca fue colocado en dicho palacio. El significado alegórico de esta obra, debido a la **importancia del racimo de uvas** en la composición, reforzado por los racimos de uvas del cesto que lleva la mujer en la cabeza, fue omitido en su primera catalogación, como el del resto de los cartones sobre las estaciones, razón por la que fueron titulados de acuerdo con las escenas que representaban.

En algún momento se propuso que el aristócrata vestido de majo pudiera corresponder a la imagen de Goya, la campesina a su mujer, Josefa Bayeu, el niño al hijo de ambos y la otra dama a la duquesa de Alba, pero hace tiempo que esta posibilidad fue desechada.

En cuanto a la temática, aunque está tomada desde un punto de vista pastoril, sin connotaciones de tipo social como en otros cartones de la serie, algunos autores han visto una muestra del interés filantrópico de ciertos aristócratas de la época.

Importancia del racimo de uvas

LA VENDIMIA O EL OTOÑO
1786-1787. Óleo sobre lienzo, 275 x 190 cm
Museo del Prado, Madrid

La nevada

En *La nevada* o *El invierno* Goya se ocupa por vez primera de la dureza de las condiciones de trabajo del pueblo, por lo que este cartón y sus acompañantes, *El albañil herido* y *Los pobres de la fuente*, constituyen la muestra más temprana de las preocupaciones sociales del pintor y de su posible vinculación con la ideología ilustrada que soñaba con cambiar las circunstancias políticas, educativas y sociales de su tiempo.

El autor no evita describir *La nevada* o *El invierno*, considerado el más emotivo de los cartones de la serie, en toda su crudeza. Tres campesinos, apenas cubiertos por unos mantos que vuelan al aire, atraviesan un gélido paso entre montañas en compañía de dos criados algo mejor equipados, uno de los cuales dirige a la mula que carga un cerdo abierto en canal –símbolo de la matanza que da paso a la estación invernal–, mientras que el otro, armado, hace las funciones de vigilante. El perro, rabo entre piernas, ha olisqueado algún peligro que se cierne sobre ellos.

En contraposición con la dureza de la situación y la frialdad atmosférica de la escena, Goya incorpora un detalle de cálida ternura en el pajarito que caldea entre sus manos el campesino del centro –más evidente en el tapiz que en el cartón–, un símbolo de la fortuna de los más débiles y una alusión a la solidaridad y la compasión.

Ya en su tiempo fue recibido con gran aplauso, puesto que se valoró en él la originalidad en el tratamiento del tema, en clara ruptura con las clásicas representaciones invernales de la pareja de ancianos calentándose en el fuego. Las sensaciones corpóreas que transmite la pintura, fruto de los embates de la naturaleza, constituyen también una importante innovación en la pintura de su tiempo.

La nevada o El invierno
1786-1787. Óleo sobre lienzo, 275 x 293 cm
Museo del Prado, Madrid

El albañil herido

Esta obra y su supuesto boceto, *El albañil borracho*, han sido analizados con profusión para descubrir en ellos el grado de implicación de Goya con las ideas ilustradas de su época. Fue realizado para el comedor del príncipe de Asturias en el palacio de El Pardo.

La transformación sufrida por *El albañil borracho* se atribuye a la falta de idoneidad de su enfoque, dado que el tapiz estaría situado en una zona no excesivamente privada del palacio. Desde luego, el tema adquiere en la obra definitiva una mayor profundidad, una vez prescindió el autor del componente jocoso que añade la borrachera, si bien tanto en uno como en otro caso el pintor se refiriese a las condiciones laborales de los albañiles.

Se ha señalado que este cartón alude a un edicto real de 1778 que exigía responsabilidades a los maestros de obras por las caídas de los obreros de los andamios. Probablemente el mensaje social de este cartón no fue comprendido en la época, pues es el único de la serie que no fue tejido.

EL ALBAÑIL BORRACHO
1786. Óleo sobre lienzo, 35 x 15 cm
Museo del Prado, Madrid

EL ALBAÑIL HERIDO
1786-1787. Óleo sobre lienzo, 268 x 110 cm
Museo del Prado, Madrid

Los pobres de la fuente

Junto con *La nevada* (o *El invierno)* y *El albañil herido*, este cartón sirvió de modelo para la decoración de la pared en la que iba a figurar la alegoría de la estación invernal del comedor del príncipe de Asturias en el palacio de El Pardo.

Sensación de frío de las figuras

Árbol pelado

De acuerdo con la interpretación que se hace de esta trilogía como exaltación de las medidas ilustradas de apoyo social adoptadas por el monarca Carlos III, este cartón haría referencia a las familias de los albañiles que, gracias a un edicto real, recibían compensaciones en caso de que el padre se accidentara en los andamios. A pesar de dichas ayudas, la vida de estas personas seguía siendo muy dura, sobre todo en los gélidos y desapacibles meses invernales.

Respecto al boceto, Goya recrudeció la **sensación de frío de las figuras** introduciendo algunos cambios como, por ejemplo, el **árbol pelado**. Las nubes blancas cortando el cielo, claro anuncio de una inminente nevada, indican una sensación heladora del ambiente y la escena.

LOS POBRES DE LA FUENTE
1786-1787. Óleo sobre lienzo,
277 x 115 cm
Museo del Prado, Madrid

El niño del carnero

Se desconocen los motivos por los que este cartón, perteneciente a la serie realizada para el comedor del príncipe de Asturias en el palacio de El Pardo, apareció en la colección privada de uno de los directores de la Real Fábrica de Tapices de Santa Bárbara; también se ignora en qué fecha ocurrió. Tras su paso por varias colecciones, fue donado al Art Institute de Chicago por los señores Brooks McCormick en 1979.

En la misma línea que otras escenas infantiles realizadas por Goya para tapices de sobrepuertas y sobreventanas, este cartón rezuma una alegre vitalidad. El niño aristócrata que cabalga sobre el carnero lleva un **sombrero de ala ancha con lazo y el amplio cuello de encaje blanco** le cubre el pecho y los hombros, para completar el atuendo de aire señorial están los encajes en los puños, la banda aterciopelada de la cintura y los zapatos rematados por grandes hebillas.

El carnero podría representar una alegoría del signo zodiacal de Aries, el primero de la primavera. El animal de una lana negra camina hacia el espectador antes de que el niño le azote con la fusta para que inicie la carrera. La escena infantil está enmarcada en un paisaje abierto, con suaves lomas y masas de bosque trazadas con sutiles pinceladas y bañadas por un luminoso rayo de sol, que causa la sombra del rostro del niño hasta esconder su pícara sonrisa.

Sombrero de ala ancha con lazo y el amplio cuello de encaje blanco

EL NIÑO DEL CARNERO
1786-1787. Óleo sobre lienzo,
127,2 x 112,1 cm
Art Institute, Chicago

Niños con perros de presa

NIÑOS CON PERROS DE PRESA

1786-1787. Óleo sobre lienzo, 112 x 145 cm

Museo del Prado, Madrid

Hasta 1946, cuando se demostró documentalmente la autoría de Goya, este cartón se consideró obra de José del Castillo. También hubo una confusión respecto a su título, que ha sufrido diversas modificaciones a lo largo de su historia hasta la adjudicación del actual.

De *Niños con mastines*, el título otorgado por Sambricio en el año 1946, pasó a denominarse como lo conocemos en la actualidad, un encabezamiento más acorde con el registro de la Real Fábrica de Tapices, que identificaba los perros con animales de presa marcados por su gran correa y su fuerte bozal, y no con mastines, que son perros utilizados como guardianes del ganado y no suelen ir tan fuertemente amarrados.

El lienzo forma parte de la colección de cartones para tapices destinada a decorar el comedor del príncipe de Asturias en el palacio de El Pardo, en la cual hubiera ocupado una de las sobreventanas o sobrepuertas, en compañía de *La primavera*, con la que enlazaría simbólicamente mediante el signo de Géminis, representado en la pareja de perros. La figura de uno de ellos es perfectamente distinguible y está situada al lado de otro perro, probablemente de la misma raza, cuya imagen es apenas sugerida.

Una cromática escena, donde el color rojo y el amarillo abrazan a los perros protagonistas hasta quitarles la fiereza que se les presupone. Unos animales de presa son objeto manejado por unos niños vestidos al uso de la época, de diferentes orígenes –el del fondo aparece descalzo a cara descubierta y con un pantalón ligeramente roto y desgastado, frente a su compañero de juegos de porte más señorial con botas de piel y gran hebilla, además de pantalón y chaleco impecables– mientras completan un escenario de campo con suaves cimas al fondo.

Cazador al lado de una fuente

Atribuido a Ramón Bayeu desde su ingreso en el Museo del Prado en 1870, este cartón para tapiz permaneció en el almacén de la pinacoteca hasta que Sambricio demostró la autoría del mismo por parte de Francisco de Goya en el año 1946. Pertenece a la serie sobre las estaciones del año realizada para el comedor del príncipe de Asturias en El Pardo, aunque su tapiz correspondiente nunca se colocó en ese lugar.

La relación entre esta escena y la estación del otoño no ha quedado plenamente establecida. El esquema de la composición, realizado para que el tapiz fuera contemplado desde abajo, indica que estaba destinado a decorar una sobreventana o sobrepuerta.

En *Pastor tocando la dulzaina*, la rama pelada es el elemento que identifica este cartón con el otoño. Igual que el resto de los cartones realizados para las sobreventanas o sobrepuertas de esta estancia, el pintor tuvo en cuenta en la composición, que sigue el esquema piramidal acostumbrado, el punto de mira bajo del espectador. En los dos lienzos Goya prescindió de las figuras de medio cuerpo que situaba en un plano intermedio, de la misma forma que simplificó el paisaje del fondo, tal vez con objeto de facilitar el trabajo de los tapiceros.

Cazador al lado de una fuente

1786-1787. Óleo sobre lienzo, 130 x 131 cm

Museo del Prado, Madrid

Pastor tocando la dulzaina

1786-1787. Óleo sobre lienzo, 131 x 130 cm

Museo del Prado, Madrid

Gatos riñendo

GATOS RIÑENDO
1786-1787. Óleo sobre lienzo,
56 x 193 cm
Museo del Prado, Madrid

Este cartón ha planteado numerosos interrogantes a lo largo de su historia debido a su temática y técnica peculiares. Es uno de los pocos cuya atribución a Goya se ha atrasado hasta fechas relativamente recientes, en concreto hasta 1983, cuando Mercedes Águeda lo identificó.

Antes había permanecido depositado en los almacenes del Museo del Prado, enrollado, soportando peso y sufriendo las consecuencias de la humedad. La dificultad

de encontrar en él la pincelada de Goya después de tantos años acumulando desperfectos, añadida a la que implica encajar el tema con el resto de la serie a la que se adjudica –la dedicada a las estaciones que iba a decorar el comedor del príncipe de Asturias en el palacio de El Pardo–, disparidad que se observa también en su diferente esquema compositivo, han suscitado toda clase de hipótesis respecto a su autoría y su posible ubicación. Se supone que estaba destinado a decorar una sobrepuerta del muro presidido por *La nevada* o *El invierno*.

Dos gatos desafiantes, con el lomo encorvado, el pelo erizado, los ojos abiertos y las garras en posición de ataque representan un enfrentamiento feroz sobre un muro cubierto de hiedra bañado por la luz, que añade más dramatismo y contraste a la escena, ajena y a la vez testigo de una brutal pelea de dos felinos que miden su fuerza cuerpo a cuerpo.

Carlos III, cazador

CARLOS III, CAZADOR
Hacia 1787.
Óleo sobre lienzo,
207 x 126 cm
Museo del Prado, Madrid

El segundo retrato de Goya de este monarca, ataviado aquí con traje de cazador, presenta la misma postura y rasgos faciales que el anterior, si bien este tipo de atuendo le proporciona una mayor agilidad.

En esta obra, quizá una de las copias del original que se conserva en la colección de la duquesa de Fernán Núñez, se respira una mayor influencia de Velázquez, pues Goya incluyó no sólo el aire de la sierra madrileña tan propio de las pinturas velazqueñas, sino que añadió al paisaje la figura delicada de un perro.

El cuadro perteneció a la colección real y fue transferido desde el palacio del Buen Retiro al Museo del Prado en 1847. Ingresó en el Museo de Lérida en 1915, y en 1929 fue trasladado al Museo Municipal de Madrid, hasta que en 1929 regresó al Prado.

En cuanto al otro retrato, no existe constancia de que el monarca posara para Goya con motivo de su realización, por lo que el autor tuvo que confiar en sus propias dotes de observación y en la imagen institucional trazada por el primer pintor de cámara de Carlos III, Anton Raphael Mengs, para plasmarlo en el lienzo.

La concepción de la obra parte de la simplicidad: el monarca sólo está acompañado de los atributos de su cargo, sobre un fondo neutro, a imitación de la mayoría de los retratos reales de Velázquez, tratados por lo general con la extremada sobriedad que era del agrado de los Austrias y con la que conseguía realzar la dignidad del personaje representado.

CARLOS III
1786-1787. Óleo sobre lienzo, 197 x 112 cm
Banco de España, Madrid

El conde de Altamira

El conde de Altamira, retratado por Goya en su calidad de miembro del Banco de San Carlos, fue el representante de la aristocracia en esta entidad. Ostentaba también el título de marqués de Astorga y era uno de los hombres de mayor poderío económico de su tiempo, hasta el punto de que, según se cuenta, tuvo que reducir el tamaño del palacio que mandó construir a Ventura Rodríguez por orden de Carlos III, quien llegó a temer que superara en dimensiones al recién erigido Palacio Real.

Fue un gran coleccionista de arte y, a raíz de este retrato, hizo varios encargos a Goya para que pintara a otros miembros de su familia, entre ellos a su esposa, María Ignacia Álvarez de Toledo, de la que pintó el retrato *La condesa de Altamira con su hija* (Metropolitan Museum of Art, Nueva York) y a sus hijos Vicente (col. particular, Nueva York) y Manuel (Metropolitan Museum of Art), considerados ambos como sus mejores cuadros de niños.

La grandeza del conde de Altamira era puesta en entredicho por su corta estatura. El realismo con que Goya plasmó esta característica física no desagradó al personaje, pues esto no impidió que le hiciera los encargos anteriormente mencionados.

Al margen de la agobiante postura del conde, con el brazo forzado para alcanzar el reposo que le ofrece la alta mesa, el retrato destaca por su bello colorido y la precisión con que Goya capta todos los detalles, desde los bordados de su casaca a la **vajilla que adorna la mesa.**

Vajilla que adorna la mesa

EL CONDE DE ALTAMIRA
1786-1787. Óleo sobre lienzo, 177 x 108 cm
Banco de España, Madrid

El tránsito de San José

Con motivo de la rehabilitación del templo de la comunidad de monjas cistercienses recoletas de Valladolid, Goya realizó el cuadro que aquí se reseña, además de *Santa Lutgarda* y *San Bernardo curando a un tullido*. Las tres obras, pintadas por el artista zaragozano adecuándose al estilo neoclásico del templo, han sido obviadas durante mucho tiempo por la crítica, hasta que se han revalorizado en fechas recientes una vez revisado su excelente estilo.

Es uno de los pocos ejemplos de la utilización por parte de este autor de los cánones academicistas de la pintura neoclásica, evidente en su plasmación formal, aunque el artista incorporó una propuesta personal –la emoción que reflejan las figuras–, cuyo origen pudiera estar en su propia experiencia ante la muerte de su padre. Según esta interpretación, Goya, que en realidad no pudo asistir a la agonía paterna por imperativos profesionales, habría utilizado su propia fisonomía para pintar a Cristo –su perfil podría corresponder a los rasgos del pintor en su juventud–, una figura que rezuma serenidad y sorpresa al mismo tiempo, reflejando así la escena que hubiera deseado protagonizar en compañía de su madre, la Virgen en el cuadro, que expresa su impotencia y dolor al hijo.

En términos formales, predomina el carácter escultórico de la obra y la pureza de la composición, a base de sencillas líneas geométricas: la horizontal que marca San José en su lecho y la diagonal de la Virgen, envueltos ambos en el rayo de luz que desciende desde la parte superior izquierda, en contraste con la perpendicularidad de la figura de Cristo.

El tránsito de San José
1787. Óleo sobre lienzo, 220 x 152 cm
Monasterio de San Joaquín
y Santa Ana, Valladolid

Francisco Cabarrús

Firmemente plantado en el suelo y con gesto enérgico y decidido, Francisco Cabarrús aparece en el retrato que le hizo su amigo Goya como el gran personaje que fue, triunfador, poderoso, innovador y controvertido.

Fundador de la primera entidad financiera del país, el Banco de San Carlos, fue uno de los más significativos ilustrados en su época. Aunque luego cayó en el descrédito, del que no se recuperó a pesar de los esfuerzos llevados a cabo por Godoy para rehabilitarlo. Durante la guerra de la Independencia tomó partido primero por el general Palafox, defensor de Zaragoza, pero después colaboró estrechamente con el gobierno de José Bonaparte. Murió en Sevilla en 1810, por lo que puedo ver el final de dichos acontecimientos.

El retrato que le hizo Goya fue el último de la serie realizada a los integrantes del Banco de San Carlos. Controvertida como el personaje que representa, esta pintura ha generado tanto admiradores como detractores. Mientras que para unos críticos se trata de una obra menor de Goya, para otros es un retrato valioso, inspirado en el cuadro *Pablo de Valladolid* de Velázquez.

Brazo separado del cuerpo en actitud declamatoria

La colocación de la figura en la tela, sin otras líneas de perspectiva que las sombras que salen de sus zapatos, con la postura en ligero escorzo y un **brazo separado del cuerpo en actitud declamatoria**, recuerdan indefectiblemente la figura del bufón velazqueño. Como Velázquez consiguiera con aquél, Goya alcanza en esta pintura carente de fondo una corporeidad que invade prodigiosamente el espacio del espectador.

FRANCISCO CABARRÚS
1788. Óleo sobre lienzo, 210 x 127 cm
Banco de España, Madrid

Los duques de Osuna y sus hijos

Goya realizó para esta familia un gran número de pinturas desde que entabló su primera relación con ella, hasta el punto de que los duques de Osuna se convirtieron en sus principales clientes particulares.

Esta composición, realizada tres años después de haberse conocido, cuando el pintor ya había hecho otras nueve obras para ellos, trasluce la simpatía que Goya profesó a sus mecenas, a los que refleja con amabilidad y frescura, sin olvidar por ello la elegancia y el lujo que los identifica como representantes de la aristocracia de la época. Cultos y refinados, Pedro Téllez de Girón, IX duque de Osuna, y su esposa María Josefa Alonso Pimentel, condesa-duquesa de Benavente, formaban con sus cuatro hijos una familia prototípica de la alta sociedad de su tiempo: el mayor, de pie, que cabalga sobre el bastón de mando de su padre, sería el sucesor del título; el que está sentado, príncipe de Anglona, heredó la afición familiar por la pintura y fue uno de los primeros directores del Museo del Prado; la niña que se recuesta en su madre se convertiría en unos años en la marquesa de Santa Cruz; y la que da la mano a su padre ostentaría el título de duquesa del Infantado.

Goya utiliza una composición sencilla, con los personajes posando en ausencia de mobiliario ni fondo, resaltados sólo por la iluminación del cuadro, que va configurando los volúmenes surgidos de las diferentes incidencias de la luz.

El delicado cromatismo en tonos verdes, grises y castaños de la duquesa y sus hijos, envueltos en la atmósfera del fondo y el suelo matizados en los mismos tonos, armoniza eficazmente con el negro de la casaca del conde y sus adornos rojos y plateados.

En 1896 los arruinados descendientes de esta familia tuvieron que subastar sus bienes. Esta obra fue retirada de la venta y donada al Ministerio de Fomento. Se expone desde entonces en el Museo del Prado.

Los duques de Osuna y sus hijos
1788. Óleo sobre lienzo, 225 x 171 cm
Museo del Prado, Madrid

La pradera de San Isidro

La pradera de San Isidro

1788. Óleo sobre lienzo, 42 x 90 cm

Museo del Prado, Madrid

La realización de este boceto resultó extremadamente difícil, según explicó Goya a su amigo Martín Zapater, no sólo por las dificultades que presentaba el tema –la cantidad de gentes diminutas y diversas, y la localización exacta del lugar, en el que había que representar la línea de edificios que, como el Palacio Real, la Armería y la iglesia de San Francisco el Grande, se recortaban en el horizonte–, sino también por lo alargado de su formato.

Entre los precedentes que pudieron servir a Goya como fuente de inspiración para llevar a cabo esta magnífica composición se han citado la *Vista de Zaragoza*, obra de Juan Bautista Martínez del Mazo, yerno y discípulo de Velázquez; las vistas de Madrid pintadas por Antonio Joli entre los años 1750 y 1754, y las pinturas de Claude-Joseph Vernet, un artista francés a quien el futuro Carlos IV encargó varias obras para la Casita de El Escorial.

La obra, bañada en la luz plateada de un 15 de mayo soleado, ofrece una bella vista de la pradera, el río y sus puentes, así como del Madrid del siglo XVIII, con sus hermosos edificios recién construidos y la luz anaranjada del entonces diáfano cielo madrileño. Las figuras del primer plano, sentadas al sol y entre las cuales se distinguen señores, damas, majos y majas, se disponen a realizar la merienda festiva mientras charlan, beben o simplemente contemplan la belleza del paisaje y el jolgorio de la explanada, a la que la gente ha acudido en los carruajes propios de la época.

Estos bocetos, o sus versiones reducidas –no existe acuerdo al respeto–, colgaban en el gabinete de la casa de la Alameda perteneciente a los duques de Osuna una década después de haber sido realizados. Como otras obras heredadas por sus descendientes, también fueron subastadas en 1896 debido a su precaria situación económica.

En cuanto a *La ermita de San Isidro el día de la fiesta*, formaba pareja con *La pradera de San Isidro* y respondía al tema general de la serie, que debía escenificar diversiones al aire libre. A la ermita acudían los fieles en busca del agua milagrosa que el santo había hecho brotar de un manantial, para dirigirse después a la pradera donde tenía lugar una fiesta animada y colorida, en la ribera del Manzanares.

La forma en que se celebraba esta festividad había suscitado reflexiones y discusiones entre los ilustrados, dada su relación con el tipo de manifestaciones piadosas que éstos querían reformar para que adquirieran un carácter menos superficial y reflejaran una devoción auténtica. Para Jovellanos, la fiesta del día de San Isidro Labrador celebrada en la pradera era una consecuencia aceptable de la peregrinación previa a la ermita.

Sin embargo, en opinión de Meléndez Valdés, este tipo de concentraciones populares daba pie a toda clase de desórdenes, opuestos a la devoción que esta festividad debería inspirar.

Francisco de Goya, quien tenía que realizar estos temas populares sin dramatismo, de acuerdo con su temática alegre, no tomó partido en esta ocasión, aunque cabe destacar que fue la última vez que reflejó una mezcla de gentes de distintas clases sociales en perfecta armonía.

La ermita de San Isidro el día de la fiesta

1788. Óleo sobre lienzo, 42 x 44 cm. Museo del Prado, Madrid

La gallina ciega

Es el único cartón realizado para la serie de tapices que, destinada a decorar el dormitorio de las infantas en El Pardo, quedó inconclusa debido a que Carlos IV prefirió El Escorial como residencia de descanso.

De dicho proyecto Goya llegó a realizar cuatro bocetos, entre ellos el de este lienzo. De la Real Fábrica de Tapices de Santa Bárbara, fue trasladado a los sótanos del Palacio Real, hasta que en 1870 ingresó en el Museo del Prado. Representa a nueve personas jugando en el campo, juego identificado como del «cucharón» en el inventario realizado por el pintor Vicente López en 1834. Presenta algunas diferencias respecto a su boceto, como la composición más simple y el mayor dinamismo de las figuras. Estas cuatro parejas encierran a un hombre en el corro, y dicho personaje lleva cubiertos los ojos con una venda y en la mano una cuchara o cucharón de madera que alarga hacia la figura femenina de la derecha, obligándola a inclinarse hacia detrás, imprimiendo movimiento al círculo del juego.

LA GALLINA CIEGA

1788-1789. Óleo sobre lienzo, 269 x 350 cm

Museo del Prado, Madrid

Carlos IV

Si bien Goya había pintado en varias ocasiones para los príncipes de Asturias, la primera vez que tuvo que hacer sus retratos fue con motivo de la proclamación de Carlos IV a la muerte de su padre. Este retrato oficial forma pareja con el titulado *La reina María Luisa con tontillo*, y ambos son de grandes dimensiones. Los reyes aparecen de cuerpo entero, vestidos con las galas de la Corte y adornados con los símbolos de su cargo.

El rey lleva el bastón de mando en la mano y se adorna con el Toisón de Oro y la banda de la Orden de Carlos III. Tras él, el manto púrpura que descansa sobre la mesa sostiene la corona.

Los críticos han señalado la cautela mostrada por Goya en este primer retrato oficial del soberano, para el que se inspiró no sólo en las composiciones de las pinturas reales de Velázquez, sino también en su técnica y empleo del color.

Por su parte, el retrato de 1792 tuvo que ser realizado en junio, fecha en que se adoptó la combinación definitiva de colores de la Orden de Carlos III que luce el monarca. El rey Carlos IV, recién ascendido al trono, está representado de algo más de medio cuerpo, vestido de rojo y ostentando el Toisón y la banda mencionada de Carlos III. Este retrato ingresó en el Prado en 1911, procedente del Ministerio de Hacienda.

RETRATO DE CARLOS IV
Hacia 1792. Óleo sobre lienzo, 127,3 x 94,3 cm
Museo del Prado, Madrid

CARLOS IV
1789. Óleo sobre lienzo, 207 x 127 cm
Museo del Prado, Madrid

La reina María Luisa con tontillo

En esta obra la reina aparece ataviada con el tipo de falda que da título al retrato, el tontillo, a la moda de los guardainfantes del siglo XVII, tocada por un aparatoso sombrero y adornada con valiosas joyas y la Orden de la Cruz Estrellada, la única condecoración que luce.

Igual que en el retrato de Carlos IV de 1789, la corona que simboliza este retrato oficial descansa sobre un mueble cubierto de un rico manto de armiño. Goya supo captar en este retrato el atractivo de esta reina poco agraciada, pero de carácter vivaz, que muestra aquí una expresión complacida por su recién estrenado rango. Cuando el pintor emprendió esta obra y su pareja, había realizado previamente los mismos retratos de medio cuerpo, razón que se ha esgrimido para explicar el cambio de expresión de la reina, más firme y dura en el primero de los realizados, por lo que quizá éste sea una copia de aquél.

En el retrato con mantilla, la reina luce una vestimenta típicamente española y una mantilla con un lazo rojo, casi el único toque de color. El tipo de atuendo es muy diferente al anterior pues hacía unos meses que una orden real prohibía la ostentación del lujo en el vestir. Goya utilizó tonos matizados y fondos ambiguos, en la línea austera de los retratos reales de Velázquez.

LA REINA MARÍA LUISA CON MANTILLA
1799. Óleo sobre lienzo, 210 x 130 cm
Palacio Real, Madrid

LA REINA MARÍA LUISA CON TONTILLO
1789. Óleo sobre lienzo, 205 x 132 cm
Museo del Prado, Madrid

Doña Tadea Arias de Enríquez

Las segundas nupcias de Tadea Arias, viuda de Tomás de León, son la base para la datación de este retrato, en el que aparecen los escudos de la casa Arias y León, por lo que debió de ser pintado antes de la boda de la modelo, en 1793, con Pedro Antonio Enríquez y Bravo, muy probablemente con motivo de sus primeros esponsales, que tuvieron lugar en 1789.

Su autoría tampoco está plenamente determinada, pues una reciente limpieza del retrato ha hecho aparecer una técnica pesada y opaca, más propia de Agustín Esteve, discípulo de Goya. No obstante, la relación de Tomás de León con el duque de Osuna, a cuyo regimiento perteneció, y el hecho de que su hermano fuera el administrador de los bienes de esta familia que tanto apreciara el pincel de Goya, justifica que el encargo se le hiciera al pintor zaragozano por recomendación del duque.

El retrato recuerda al de la marquesa de Pontejos por la **ubicación del personaje en un paisaje,** al estilo inglés que se había impuesto en los retratos de la época. La imagen destila femineidad y belleza, resaltadas por las formas sutiles y la postura de falso perfil, mirando al frente levemente girada, con el pie contrario adelantado a la mano abierta que lleva un guante enfundado.

Ubicación del personaje en un paisaje

Doña Tadea Arias de Enríquez
Hacia 1790. Óleo sobre lienzo, 191 x 106 cm
Museo del Prado, Madrid

El sueño

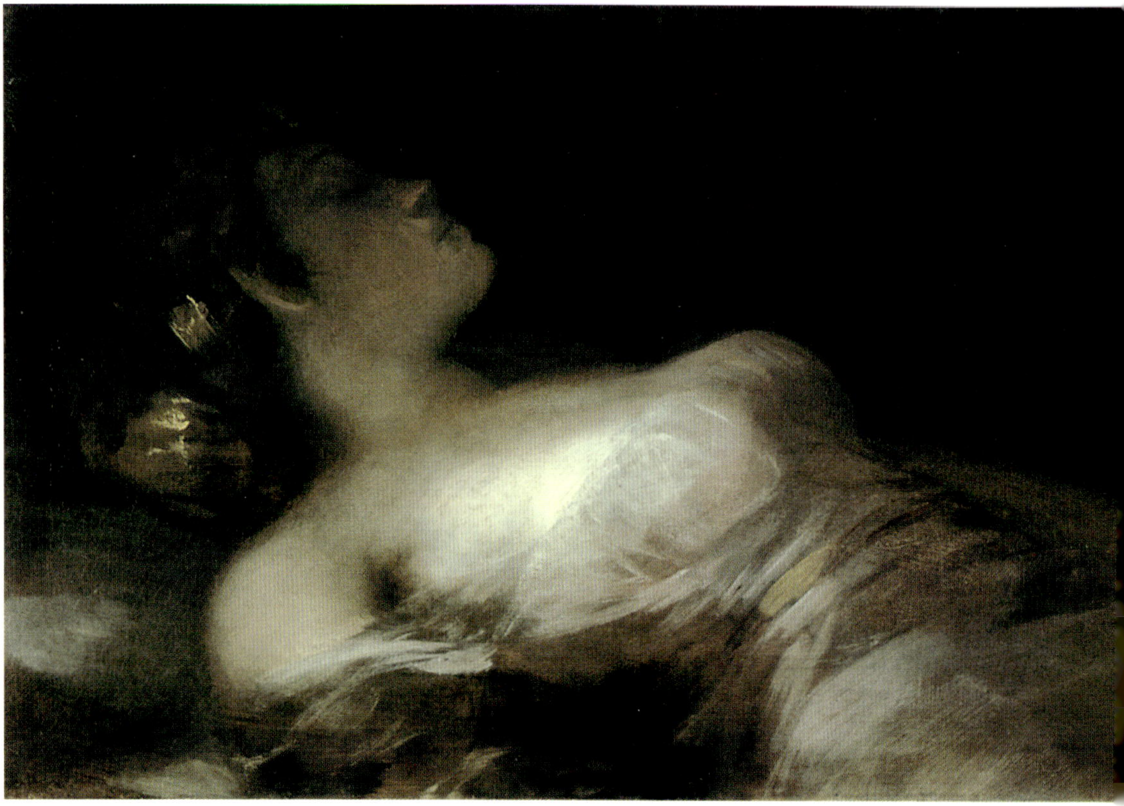

El sueño
Hacia 1790. Óleo sobre
lienzo, 44,5 x 77 cm
National Gallery of Ireland, Dublín

Algunos críticos identifican esta obra como una de las tres sobrepuertas o sobreventanas pintadas por Goya para su amigo gaditano Sebastián Martínez, en cuya casa pasó un par de convalecencias a causa de la enfermedad que lo dejó sordo, la primera de ellas en 1792.

El punto de vista bajo de *Muchacha adormecida* y *Mujeres conversando*, similar al de *El sueño*, pondría en relación estas tres obras, aunque también existe la posibilidad de que esta última fuera realizada a petición de Godoy y que pudiera ser una primera representación de su amante, Pepita Tudó, supuesta modelo de las majas desnuda y vestida.

La obra presenta otras diferencias respecto a sus supuestas compañeras; por ejemplo, la distinta gama cromática empleada, aquí entonada en gris y en tonalidades más cálidas las otras dos. Este encargo es uno de los pocos con temática erótica que recibiera el artista. La sensualidad de la figura, envuelta en una suave bruma y con el rostro vuelto, seguramente para ocultar su identidad, está muy lograda.

En cuanto a *Mujeres conversando*, recuerda el estilo costumbrista de los cartones para tapices. La postura de las majas, que comparten alegres confidencias, se compara con *La Venus del espejo* de Velázquez, a quien Goya podría haber emulado tanto en la composición como en el aire de delicada sensualidad que supo imprimir a la escena representada.

La técnica empleada es de una extraordinaria calidad, tanto por la soltura de la pincelada, como por la armonía de las tonalidades y los precisos efectos de luces y sombras, que confieren la sensación de profundidad.

MUJERES CONVERSANDO
1790-1792. Óleo sobre lienzo, 59 x 145 cm
Wadsworth Atheneum, Hartford (Connecticut)

Luis María de Cistué Martínez

El pequeño Luis María, hijo de un conocido magistrado, José de Cistué y Coll, y de la camarista de la reina María Luisa, se convertiría en un destacado militar en la Guerra de la Independencia y en rector de la Universidad de Zaragoza.

Captado por los pinceles de Goya con una expresión de asombro que le da una gran espontaneidad, el niño está acompañado de **un perrito con la misma elegancia** y compostura que él. Técnicamente, esta pintura está considerada entre las más logradas de los retratos infantiles de su autor, tanto por la naturalidad que imprime al instante que representa, como por el rigor y detenimiento con que Goya ha plasmado todos sus detalles.

Un perrito con la misma elegancia

La distinción entre las texturas del traje de terciopelo y encajes, conseguida cargando el pincel con diferentes grosores de pastas y pinceladas diversas, el fondo de grises que resalta al modelo, la integración de la figura en el espacio mediante la intersección del suelo con la pared, la gracia de los cabellos dorados y la cualidad plástica del rostro redondeado, iluminado por una mirada inteligente y serena, son algunas de las características más destacadas de este retrato.

El porte del niño, que calza unos elegantes zapatos y cubre su traje de terciopelo azul, finalmente trabajado a base de sutiles pinceladas, se ve prolongado por la cuerda que sujeta en su mano izquierda y que mantiene al perro tranquilo a su lado. La parsimonia de la escena solo se ve invadida por la sorpresa de su mirada, dos ojos claros y tremendamente abiertos recuerdan a un momento fugaz. Es una imagen fresca e inmediata de carácter irrepetible, debido a la fugacidad de la mirada.

LUIS MARÍA DE CISTUÉ MARTÍNEZ
Hacia 1791. Óleo sobre lienzo,
118 x 87,5 cm
Colección particular, París

D. LUIS MARIA DE CISTUE Y MARTINEZ A LOS
DOS AÑOS Y OCHO MESES D SU ED.

Las mozas del cántaro

Como todos los cartones de la serie de tapices para decorar el despacho de Carlos IV en El Escorial, la escena transcurre en un ámbito rural. Aunque el paisaje idílico del campo ha dado paso al **elemento arquitectónico del fondo,** un muro delimita la escena de las mujeres en la parte posterior, mientras que el niño adquiere la misma función en el área más cercana al observador. Junto a la fuente, cobran protagonismo las jóvenes que se recortan sobre el fondo claro y que tapan con su frágil figura la de la mujer mayor, sin cántaro.

Se apunta que el asunto hace referencia a la castidad de la mujer, simbolizada en la de más edad, una **celestina presta a sacar partido** de la virtud de las jóvenes, tan frágil como los cántaros que sostienen. Otra interpretación es que sea una representación de **las edades del hombre,** simbolizadas en las cuatro etapas de la vida de los personajes. Sin embargo, el tema parece entroncar con otros asuntos relacionados con las relaciones entre hombres y mujeres escenificados, como *La boda* o *El pelele*.

Elemento arquitectónico del fondo

Celestina presta a sacar partido

Las edades del hombre

LAS MOZAS DEL CÁNTARO
1791-1792. Óleo sobre lienzo,
262 x 160 cm
Museo del Prado, Madrid

La boda

La boda

1791-1792. Óleo sobre lienzo, 269 x 396 cm

Museo del Prado, Madrid

Este cartón para tapiz pertenece a la última de las series realizadas por el pintor para el despacho de Carlos IV en El Escorial. La serie, que debía estar compuesta de doce escenas sobre asuntos campestres y jocosos, nunca se finalizó porque hubo de interrumpir su trabajo por la enfermedad que lo dejó sordo hacia el año 1792.

Llegó a concluir, además del cartón que aquí se reseña, los titulados *Los zancos, Las mozas del cántaro, El pelele, Las gigantillas, Muchachos trepando a un árbol* (todos ellos en el Museo del Prado) y *El balancín* (Museo de Filadelfia).

La escena muestra **el cortejo de boda de una pareja dispar**: una joven agraciada y un hombre viejo y feo, pero ostentosamente rico, de cuya unión se burlan todos los presentes, incluido el cura, pues son obvias las motivaciones para contraer este matrimonio y las consecuencias que acarreará. Goya enjuicia a los protagonistas de esta boda sin exclusiones: la joven no es una víctima, sino que camina orgullosa; el padrino muestra una expresión displicente e intercambia miradas de complicidad con el cura y otros miembros de la comitiva.

El cortejo de boda de una pareja dispar

Los zancos

Los zancos
1791-1792. Óleo sobre lienzo, 268 x 320 cm
Museo del Prado, Madrid

Francisco de Goya retomó esta escena costumbrista en *Los disparates*, a la que dedicó el primero de los grabados, el *Disparate femenino*. Sin embargo, otros autores también han creído ver en *Los zancos*, igual que en *El pelele, El balancín, Las gigantillas* o los *Muchachos trepando a un árbol* una referencia a la inestabilidad política del momento, simbolizada en los difíciles equilibrios a los que están sometidos los personajes, o bien en las vueltas que las mujeres, símbolo de las cuatro estaciones, dan a la rueda de la Fortuna.

En *Los zancos* Goya sitúa la escena en el medio rural sin ninguna referencia a la naturaleza, con lo cual convierte a la arquitectura en la única protagonista para destacar el ámbito no urbano.

Y en *El pelele*, más allá del juego de manteo, este cartón puede ser una alusión satírica a la seducción que ejercen las mujeres sobre los hombres, hasta el punto de convertirlos en peleles, un tema en la línea de los asuntos jocosos del medio rural que debían componer la decoración con tapices del despacho de Carlos IV en El Escorial.

El pelele
1791-1792. Óleo sobre lienzo, 267 x 160 cm
Museo del Prado, Madrid

Las gigantillas

El juego de equilibrio que escenifican los niños de ambas escenas parece referirse, como otros de los cartones realizados por Goya para los tapices del despacho de Carlos IV en El Escorial, a la falta de estabilidad política, puesto que en las fechas en que se realizaron estas obras había dado inicio la persecución que llevó al exilio a ilustrados como Cabarrús y Jovellanos.

Aunque en principio los cartones de esta serie debían hacer referencia a algún asunto jocoso del ámbito rural, posteriormente se han interpretado como sátiras políticas.

El punto de vista de ambas, que fueron concebidas como compañeras, indica que estuvieron pensadas para ser colocadas como sobreventanas o sobrepuertas.

MUCHACHOS TREPANDO A UN ÁRBOL
1791-1792. Óleo sobre lienzo,
141 x 111 cm
Museo del Prado, Madrid

Las gigantillas

1791-1792. Óleo sobre lienzo, 137 x 104 cm. Museo del Prado, Madrid

Los cómicos ambulantes

«Para ocupar la imaginación mortificada en la consideración de mis males, y para resarcir en parte los grandes dispendios que me han ocasionado, me dediqué a pintar un juego de cuadros de gabinete, en que he logrado hacer observaciones a que regularmente no dan lugar las obras encargadas, y en que el capricho y la invención no tienen ensanches.»

Con esta explicación, Goya remitió al viceprotector de la Real Academia de San Fernando, Bernardo de Iriarte, una serie de doce pequeñas obras pintadas sobre hojalata, una de las cuales es la que aquí se reseña, con el objetivo de obtener su aprobación y la de sus compañeros académicos.

Los cómicos ambulantes, realizada como las demás durante la enfermedad que retuvo en Cádiz a Goya durante todo el año 1793, en casa de su amigo Sebastián Martínez, se titula también *Alegoría Menandrea*, como quiso explicitar el autor al colocar **el cartel «Alec Men»** en el improvisado escenario para que la representación de estos actores se identificara con una comedia satírica del autor griego Menandro.

El tema parece ser el triángulo amoroso, y se ha interpretado como una alusión al formado por Godoy, la reina y Carlos IV, sobre el que había rumores.

La factura expresionista de estas obras, fruto de la agitación mental que sacudía al pintor, y puesta de manifiesto en las pinceladas nerviosas y alucinadas, es el anuncio de la nueva etapa creativa de Goya, de la nueva sensibilidad a la que accede tras la enfermedad, cuya sordera consiguiente lo abocará a replegarse sobre sí mismo y a profundizar en el mundo de las pesadillas y visiones caricaturescas que veremos culminar en sus futuras *Pinturas negras*.

El cartel «Alec Men»

LOS CÓMICOS AMBULANTES O ALEGORÍA MENANDREA

1793-1794. Óleo sobre hojalata, 43 x 32 cm. Museo del Prado, Madrid

JUZGADOS MILITARES
DE ESPAÑA
POR D. FELIX COLÓN DE
TOMO V.
Año 1794

Félix Colón de Larreategui

El ingreso en la orden de Santiago de Félix Colón, un noble de linaje vasco, de destacada carrera militar y un intelectual que recopiló sus conocimientos en una voluminosa obra, *Juzgados Militares de España y de sus Indias*, representada en el cuadro, fue el motivo de este encargo.

Señalado por algunos autores como uno de los retratos en los que Goya consiguió una mayor penetración psicológica, el personaje irradia su enérgico carácter, además de la elegancia propia de su alta alcurnia, pero también la altanería de su rango militar.

En cuanto al retrato del general Antonio Ricardos Carrillo de Albornoz, al mando de las tropas que ocuparon el Rosellón a los franceses en 1793, es posible que fuera realizado a título póstumo, debido a que el modelo falleció en marzo de 1794.

FÉLIX COLÓN DE LARREATEGUI
Hacia 1794. Óleo sobre lienzo, 110 x 84 cm
Museum of Art, Indianápolis (Indiana)

EL GENERAL DON ANTONIO RICARDOS
1793-1794. Óleo sobre lienzo, 112 x 84 cm
Museo del Prado, Madrid

La duquesa de Alba, de negro

A pesar de que el cuadro lleva su fecha escrita en la arena, algunos autores lo sitúan en el paisaje de marismas de Sanlúcar de Barrameda, por lo que el pintor pudo concluirlo una vez que volvió a Madrid, después de pasar un par de meses del verano de 1796 en compañía de la duquesa.

El vestido negro de Cayetana de Alba se debe al luto que había de llevar por aquellas fechas, en que acababa de enviudar. A pesar de ello, Goya no duda en colocar a la duquesa en la misma situación del retrato de blanco, señalando con el índice la inscripción en la arena, en la que ahora el lema es «sólo Goya», precisamente el dedo que lleva un anillo con el apellido del artista grabado. En el otro dedo, la duquesa luce otra sortija de oro donde está escrito su propio apellido. Las conjeturas sobre ellos han encontrado en estas inscripciones los indicios más consistentes acerca de su romance. El hecho de que el autor reservara para sí este retrato, que apareció citado en el inventario sobre sus bienes realizado con motivo de la muerte de su esposa, Josefa Bayeu, en 1812 confirmaría los anteriores argumentos.

En cuanto al duque de Alba, Goya caracteriza al personaje como un gran aficionado a la música: fue un virtuoso del violín y llegó a reunir una valiosa colección de instrumentos musicales.

EL MARQUÉS DE VILLAFRANCA Y DUQUE DE ALBA
1795. Óleo sobre lienzo, 195 x 126 cm
Museo del Prado, Madrid

LA DUQUESA DE ALBA, DE NEGRO
1797. Óleo sobre lienzo, 210,2 x 149,3 cm
Hispanic Society of America, Nueva York

El pintor Francisco Bayeu

A falta del modelo, pues Goya pintó este retrato a título póstumo, por encargo de su sobrina, Feliciana Bayeu, el artista hubo de inspirarse en un autorretrato de su cuñado, el que se conserva en la colección del marqués de Toca, en Madrid. Esta circunstancia permite comparar sus divergentes estilos pictóricos y apreciar las diferencias artísticas que los enfrentaron.

Así, se puede comprobar cómo fue remendada por Goya la factura de la obra de Bayeu, puesto que, libre de las imposiciones estilísticas de su cuñado, eliminó los detalles superfluos del autorretrato, como la paleta y el lienzo, y simplificó los elementos del traje para no distraer la atención de su textura, cuyas tonalidades armonizó sobriamente con el fondo.

En este retrato de Francisco Bayeu, el artista se concentra en la expresión del rostro de su cuñado, que revela el sufrimiento y el avejentamiento sufridos como consecuencia de la enfermedad que lo llevaría a la muerte.

A pesar de lo tenso de sus relaciones, Goya pintó a su antiguo maestro y protector olvidando sus rencillas y destacando lo mejor de su carácter: su firmeza y dignidad.

El retrato se expuso en la Real Academia de San Fernando poco después de la muerte de Bayeu para honrar la memoria de quien fue una **figura muy significativa de la pintura española** de su tiempo, pintor de cámara del rey desde 1767 –su cargo lo ocuparía Goya en breve– y teniente director de pintura de la Academia desde 1765.

Figura muy significativa de la pintura española

EL PINTOR FRANCISCO BAYEU
1795. Óleo sobre lienzo,
113 x 84 cm
Museo del Prado, Madrid

La duquesa de Alba

Ya en esta obra, anterior a las fechas en que se supone iniciado el romance, producido a la muerte del duque, aparece una dedicatoria inscrita en la arena del suelo que la duquesa señala.

La forma en que plasma el pintor el fondo transparente del cielo, el verde paisaje, la gasa translúcida del vestido y los adornos rojos del atuendo de la duquesa son muestra de la libertad creativa que podía permitirse Goya a estas alturas de su vida.

Por si esta riqueza técnica no fuera suficiente para justificar la extraordinaria fama de este retrato, el pintor supo reflejar el alma de su modelo, su carácter vital y fantasioso, y lo indomable de su espíritu, tan poco sujeto a las ataduras y a las convenciones como su larga y suelta melena parece proclamar. Para acompañar y destacar la figura, Goya emplea las extraordinarias pinceladas bermellón del fajín, los lazos del pelo, el vestido y el collar de cuentas, que a su vez obtienen su réplica en el coqueto lazo del aristocrático perrito.

En cuanto al cuadro de la beata, está protagonizado por la camarera de Cayetana, una mujer ya entrada en años que al parecer era objeto de burla en palacio por su excesiva afición a los rezos. La duquesa asusta a su dueña con un objeto de color rojo, mientras que ésta, en precario equilibrio y apoyada en un bastón, trata de protegerse de él esgrimiendo un crucifijo.

LA DUQUESA DE ALBA
1795. Óleo sobre lienzo,
194 x 130 cm
Colección Casa de Alba, Madrid

LA DUQUESA DE ALBA Y LA BEATA
O LA DUQUESA DE ALBA Y SU DUEÑA
1795. Óleo sobre lienzo, 30,7 x 25,4 cm
Museo del Prado, Madrid

Doña María Antonia Gonzaga, marquesa de Villafranca

Madre del duque de Alba y suegra, por tanto, de Cayetana, la marquesa de Villafranca, viuda desde 1773, fue una mujer de notable valía, que supo administrar admirablemente los bienes de su hijo y nuera, fallecidos prematuramente.

La pintura, en excelente estado de conservación, igual que la de su hijo, es una magnífica muestra de la maestría alcanzada por Goya durante esta época en los retratos.

El vestido, de seda gris, destaca por sus brillos, plasmados con sabias pinceladas. La mirada directa de la marquesa y la elegante inclinación de su cabeza denotan la firmeza de carácter de esta dama, así como su pertenencia a una de las más importantes familias aristocráticas de la época.

La dama, que aparece sentada de medio cuerpo, está situada sobre un fondo gris sobre el que se enmarcan sus cabellos, del mismo color, peinados según el gusto voluminoso de la época, con un efecto de empolvado. Sostiene en las manos un abanico y se cubre con una mantilla prendida por un broche con una rosa y una cinta azul.

Su personalidad fue captada a la perfección por Goya, quien supo reflejar a esta mujer de una forma íntima y con un gran realismo.

DOÑA MARÍA ANTONIA GONZAGA,
MARQUESA DE VILLAFRANCA
Hacia 1795. Óleo sobre lienzo, 87 x 72 cm
Museo del Prado, Madrid

T-150

Pedro Romero

Los críticos clasifican esta obra entre los retratos que el autor hizo de sus amigos, caracterizados por su amabilidad e intimidad y realizados todos ellos en un estilo personal, entre el «retrato de biblioteca» francés y la manera informal de la escuela inglesa. De todos ellos, el de este famoso torero se considera el mejor.

El pintor debió de militar entre los partidarios de Romero, enfrentados a los de Costillares, el único torero de la época que podía comparársele, pues se reservó el retrato para él, como atestigua la relación de bienes heredados por su hijo Javier, entre los que figuraba este cuadro.

Aunque no se sabe la fecha exacta de su ejecución, pudo ser pintado en Sanlúcar de Barrameda, durante la estancia del pintor en la casa de los duques de Alba, cuando éstos acompañaron a los reyes en su visita a la capital andaluza. Por esa época hubo una famosa corrida, en la que participaron los dos hermanos Romero, una saga de toreros, pues el padre también había desempeñado esta profesión.

El torero fue descrito por Leandro Fernández de Moratín como «bravo, tranquilo, autocontrolado y muy guapo», aspectos que quedan bien reflejados en la pintura, en la que Goya también supo captar la elegancia innata y el refinamiento de este personaje.

Acodado a una mesa o pedestal, el modelo se presenta en traje de luces, con una redecilla sujetando sus cabellos y mostrando la perfección de rasgos faciales que mereció los elogios de Moratín.

En la suelta postura de la mano, con la que mató cinco mil toros, el autor ha simbolizado de forma paradójica el famoso temple del matador.

PEDRO ROMERO
Hacia 1795-1798. Óleo sobre lienzo, 84,1 x 65 cm
Kimbell Art Museum, Fort Worth (Texas)

Álbum A o Álbum de Sanlúcar

Álbum A o Álbum de Sanlúcar
1796. Dibujos
Varios museos

El primero de los álbumes de dibujos de Goya, sin contar con el *Cuaderno italiano* que realizara en su juventud, inaugura una nueva dedicación del pintor, pues más que utilizarlos como apuntes o bocetos para otras obras, el pintor los valora por sí mismos y los plantea en la mayoría de las ocasiones como entidades independientes. Este primer álbum (después vendrían otras colecciones de dibujos), titulado convencionalmente con la

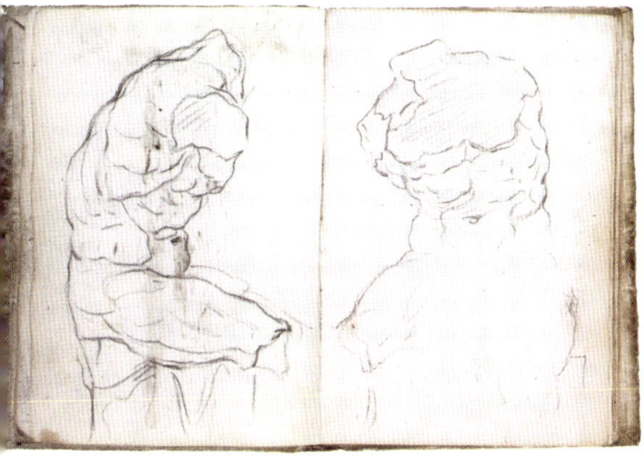

letra A para dar inicio a la secuencia cronológica que servirá para distinguir a los siguientes, lo llevó a cabo en Sanlúcar de Barrameda, cuando el pintor pasó una temporada en la localidad gaditana en compañía de la duquesa de Alba, que acababa de enviudar.

Goya dedicó unos cuantos de los dibujos de este álbum a Cayetana, pintada en actitudes cotidianas, circunstancia a la que se suele aludir como prueba de las no documentadas relaciones que mantuvieron.

La mayor parte de los dibujos de este álbum son escenas con mujeres tomadas en la espontaneidad del hogar y captadas por el pintor con una gran frescura, atendiendo a lo esencial y sin reparar en detalles. Fueron realizados a punta de pincel, con aguada de tinta china y retoques de lápiz negro o marrón y pluma.

La marquesa de Santa Cruz

La brillante y azarosa vida de esta marquesa, cuyo camino pudo cruzarse con el de Goya más allá de la estricta amistad, es un ejemplo de la libertad alcanzada por las mujeres de su tiempo y de su grado de participación en la vida social.

Austríaca de origen, Mariana Waldstein recaló en España para convertirse en la segunda esposa del marqués de Santa Cruz, cuyo cargo en la Casa Real lo relacionaba con Goya. La joven marquesa aprendió a pintar al óleo con Isidro Carnicero y llegó a exponer sus propias obras en la Real Academia de San Fernando, de la que fue nombrada directora honoraria y académica de mérito por la pintura.

Fue una buena copista y miniaturista, y se relacionó estrechamente con los círculos artísticos de España, Italia y Francia, países con los que también estuvo vinculada.

El embajador francés en España, Ferdinand Guillemardet, cuyo retrato goyesco se conserva también en el Museo del Louvre, se enamoró de ella, igual que Luciano Bonaparte, el hermano menor de Napoleón con el que mantuvo una relación amorosa en vida de su esposo. Tampoco trató de ocultar su romance con el príncipe de Canino, doce años menor que ella, a pesar de las habladurías que suscitó esta circunstancia.

La perfecta ejecución de este retrato sorprende aún más por la rapidez con que fue llevado a cabo, sobre un lienzo de tela más basta de lo habitual. La elegante silueta de la marquesa, la calidad del paisaje que la rodea y la simpatía y vitalidad que transmiten su rostro y actitud, componen un retrato cuya calidad ha sido altamente valorada.

LA MARQUESA DE SANTA CRUZ
1797-1799. Óleo sobre lienzo, 142 x 97 cm
Musée du Louvre, París

Los caprichos

LOS CAPRICHOS
1797-1798. Aguafuertes
Número de planchas: 80
Calcografía Nacional, Madrid

La puesta a punto de esta colección de grabados ocupó a Goya varios años, desde que comenzara a concebirla durante su convalecencia en Cádiz, en casa de Sebastián Martínez, donde tuvo la oportunidad de estudiar su colección de estampas extranjeras.

En total, Goya puso a la venta en 1799 una colección compuesta por 80 estampas, una combinación en la misma plancha de aguafuertes y aguatintas que constituye una innovación técnica puesta al servicio del contenido, puesto que con ella consiguió extremar los efectos dramáticos de las escenas. Los temas predominantes en esta colección son las relaciones amorosas, la prostitución, el mundo de la brujería y un sinfín de variaciones sobre estos asuntos y otros relacionados –la Inquisición, las instituciones policiales, la ignorancia, la mentira, la avaricia–, que el autor aborda desde distintos puntos de vista para profundizar en su reflexión.

La maja desnuda

LA MAJA DESNUDA
Hacia 1797-1800. Óleo sobre lienzo, 97 x 191 cm.
Museo del Prado, Madrid

El explícito carácter sexual de estas obras, sin precedentes en la pintura española, es el motivo de los avatares de su historia, así como de los escasos datos acerca de la modelo que representan y de las circunstancias en las que fueron concebidas. Maja era el nombre por el que eran conocidas las mujeres del Madrid del siglo XVIII. Se suponen un encargo de Godoy. Una hipótesis afirma que la modelo fue Pepita Tudó, amante de Godoy. Por otro lado, la de que la propia Cayetana hubiera servido de modelo llevó a uno de sus descendientes a exhumar sus restos, en 1945, para demostrar lo infundado de la leyenda.

La sensibilidad de la época no apreciaba este tipo de obras, consideradas de mal gusto y perseguidas por las autoridades civiles y eclesiásticas.

Técnicamente, *La maja desnuda* está tratada a imitación de los maestros venecianos, mientras que *La maja vestida*, con la postura ligeramente modificada, está tratada de una manera más vanguardista.

La maja vestida

Técnicamente, ambas majas son muy diferentes: *La maja desnuda* está tratada de una manera académica, detallista, mientras que *La maja vestida* está realizada con pinceladas sueltas, pastosas y libres que le dan una gran apariencia de modernidad.

LA MAJA VESTIDA
Hacia 1800-1805. Óleo sobre lienzo, 95 x 188 cm. Museo del Prado, Madrid

Don Gaspar Melchor de Jovellanos

Su faceta de intelectual y escritor

La melancolía que transmite

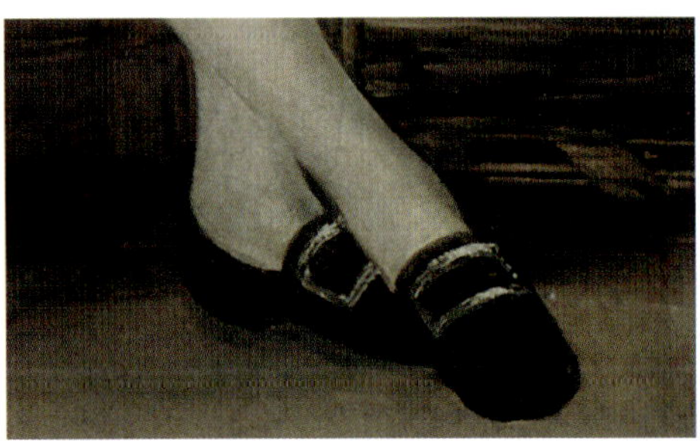

Su proverbial elegancia

Cuando Goya realizó este retrato del principal pensador y político de la Ilustración española, Jovellanos acababa de ser nombrado secretario de Gracia y Justicia. Estas referencias a **su faceta de intelectual y escritor** se completan con la estancia donde está situado el personaje, su despacho. Aunque el modelo carece de cualquier adorno alusivo al cargo, su entorno le acompaña en la actitud reflexiva, así como los manuscritos y libros sobre la mesa.

La melancolía que transmite el personaje –interpretada por algún crítico como falta de interés por su función pública–, concuerda con la imagen que de él tenían sus contemporáneos y es premonitoria de la gran decepción que sufriría poco después, cuando fue encerrado en la prisión del castillo de Bellver, en Mallorca, y vio desvanecerse toda esperanza de progreso en España.

No obstante, la indolente actitud de Jovellanos transmite también **su proverbial elegancia** y su inclinación a la reflexión.

DON GASPAR MELCHOR DE JOVELLANOS

1798. Óleo sobre lienzo, 205 x 123 cm

Museo del Prado, Madrid

El aquelarre

Esta obra pertenece a la serie de seis cuadros de gabinete pintados para el palacio de la Alameda, propiedad de los duques de Osuna, sobre el tema de la brujería. Los restantes cuadros son *Vuelo de brujas* (Ministerio del Interior, Madrid), *La cocina de las brujas* (colección particular, México), *El conjuro* (Museo Lázaro Galdiano, Madrid), *La lámpara del diablo* (National Gallery, Londres) y *El convidado de piedra* (en paradero desconocido).

De realización simultánea a *Los caprichos*, el autor revela en estas obras el interés que por estas fechas le despertaban los asuntos de brujería, un tema que se puso de moda entre los ilustrados de la época, puesto que representaba la ignorancia y la superchería que trataban de combatir a partir de la razón y el conocimiento.

Dos de estos cuadros estaban inspirados en comedias representadas en la época, por lo que es posible que el resto también tuviera ciertos referentes literarios. A la lúgubre luz de la luna, el macho cabrío, representación del diablo, recibe en sacrificio la criatura que le tiende una mujer joven, ante la presencia de diversas figuras espectrales y murciélagos que sobrevuelan la escena representada. Otra mujer la ha precedido o quizá sea la misma, convertida en la vieja que sostiene la figura esquelética del niño.

De libérrima composición y factura, estos cuadros anuncian ya el expresionismo goyesco. Su significado resulta, tanto para los críticos como para el espectador, enigmático, en la misma línea de *Los caprichos*.

EL AQUELARRE

1798. Óleo sobre lienzo, 44 x 31 cm

Museo Lázaro Galdiano, Madrid

178 T.

¿Josefa Bayeu?

La datación técnica de esta pintura ha hecho dudar en la actualidad que la mujer que representa sea Josefa Bayeu, la esposa de Goya, pues ésta contaba en esta fecha con unos cincuenta años de edad, y la imagen corresponde a una mujer bastante más joven.

Además, los rasgos de su rostro tampoco concuerdan con un dibujo que Goya realizara de ella en el año 1805, por lo que es preciso descartar que se trate de la mujer del pintor, aunque se mantiene el título de la obra con un interrogante a falta de otra propuesta. Igualmente extraño resulta que la datación tampoco esté consensuada, pues la sencillez del peinado de la modelo corresponde a fechas posteriores. En cualquier caso, se trata de un retrato logrado, de una especie de Gioconda goyesca, como se ha descrito a esta mujer de enigmática y dulce sonrisa. La mirada franca y limpia, la rubia cabellera sujeta con toda naturalidad en una trenza y el sutil tocado blanco, conseguido a base de ligeras y libres pinceladas sobre los hombros aportan dignidad y firmeza a la figura femenina reflejada en esta obra, no ajena a la polémica, provocada por su identidad.

No se ha llegado a esclarecer cómo pasó esta obra de los herederos de Goya a Román de la Huerta, a quien el Ministerio de Fomento compró este cuadro en 1866 por trescientos escudos para el Museo de la Trinidad. En la actualidad pertenece al Museo del Prado desde 1872.

¿Josefa Bayeu?

Hacia 1798. Óleo sobre lienzo, 82 x 58 cm

Museo del Prado, Madrid

Carlos IV y la reina María Luisa

El retrato de Carlos IV fue pintado como pareja de otro de la reina realizado en 1800, titulado *María Luisa de Parma*, para regalárselo a Napoleón. Su envío fue suspendido, dadas las complicadas relaciones que en esos momentos se mantenían con el país vecino.

El rey aparece vestido de coronel de la guardia de Corps, ostentando el Toisón de Oro, la banda de la Orden de Carlos III y otras, y una placa formada por las cruces de Santiago, Calatrava, Alcántara y Montesa. En el retrato compañero, la reina se muestra en traje de corte.

Ambos retratos y otros de los realizados por Goya por estas fechas fueron copiados por su discípulo, Agustín Esteve, para ser ofrecidos como regalo.

El original de la copia de *María Luisa de Parma*, una de las realizadas por Agustín Esteve del conjunto de retratos que Goya realizara con motivo de la coronación de los reyes como regalo para las cortes extranjeras y altos personajes, se conserva en el Palacio Real de Madrid; es el compañero del retrato de Carlos IV vestido con traje de guardia de Corps que se pensaba enviar a Napoleón. La reina aparece aquí en traje de gala y de tres cuartos.

En cuanto a los retratos ecuestres de los monarcas, también fueron concebidos como pareja. La reina tenía un especial interés en quedar bien en este retrato, a lomos del caballo *Marcial* que le regalara

LA REINA MARÍA LUISA, A CABALLO
1799. Óleo sobre lienzo, 338 x 282 cm
Museo del Prado, Madrid

Carlos IV

1799. Óleo sobre lienzo, 207 x 127 cm. Palacio Real, Madrid

María Luisa de Parma
1800. Óleo sobre lienzo, 114 x 81 cm
Museo del Prado, Madrid

Godoy, a quien quiso agradecerle su atención inmortalizando su cabalgadura. Existe constancia documental de que posó tres veces para este retrato, así como también de su satisfacción por su acabado. Para el pintor no fue un retrato fácil. Ya le había comentado anteriormente a su amigo Zapater la dificultad que entrañan los retratos ecuestres y, desde luego, tuvo que introducir correcciones, pues la obra muestra algunos arrepentimientos en las orejas y patas del caballo.

Goya recurrió una vez más a Velázquez como fuente de inspiración y, aunque no lo copió, extrajo la composición de los retratos ecuestres que aquél pintara de los reyes Felipe III y Felipe IV y de las reinas Margarita de Austria e Isabel de Borbón. Sin detenerse, como hizo Velázquez, en los detalles de la indumentaria ni en el paisaje, Goya los reflejó a golpes de color y a través de luces y sombras.

El gesto altanero de la reina se interpreta como la satisfacción por haber conseguido dominar el caballo, un empeño que le costó cierto esfuerzo, y no como manifestación del poder que simboliza su cargo.

En el del rey, se cree que la obligación de girar su cabeza le hizo forzar la postura del caballo, que no está levantado de manos, al contrario de lo que manda la tradición, y se presenta enseñando el pecho. Los numerosos arrepentimientos observados en esta obra confirman las dificultades que Goya tuvo para realizarlo.

CARLOS IV, A CABALLO

1800-1801. Óleo sobre lienzo, 336 x 282 cm. Museo del Prado, Madrid

La familia de Carlos IV

La familia de Carlos IV

1800-1801. Óleo sobre lienzo, 280 x 336 cm

Museo del Prado, Madrid

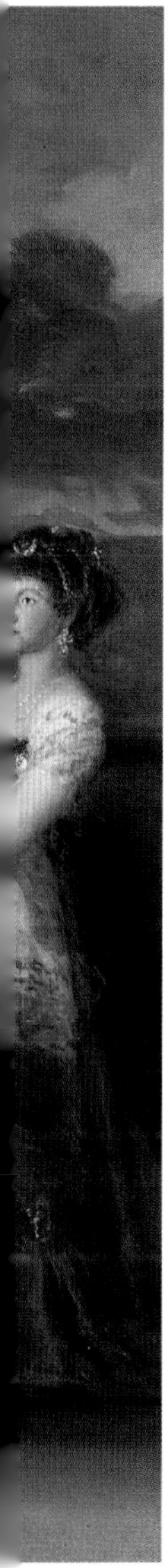

Esta obra maestra de Francisco de Goya representa también la culminación de su carrera como pintor real. Poco antes de comenzar los diez bocetos de cada uno de los personajes, el artista aragonés había sido nombrado primer pintor de cámara, el puesto de mayor rango al que en esos momentos se podía acceder en palacio.

Tras pintar este cuadro, el último de una completa serie de retratos reales, los reyes no volvieron a solicitar sus servicios, sin que se sepa por qué, pues quedó constancia de que todas estas obras fueron de su agrado.

La referencia a Diego Velázquez y *Las meninas* es ya un clásico en el comentario de esta obra, aunque las concomitancias entre la obra velazqueña y la goyesca se reduzcan a unos pocos elementos: la presencia del pintor en el cuadro, la ambientación en un interior de palacio y la inclusión de otras pinturas en las paredes.

La brillantez del color, distribuido en manchas y matizado en mil gradaciones según la incidencia del rayo luminoso que penetra por la derecha, logra recrear las texturas de las telas, así como el brillo de las bandas, placas y bordados, en un juego de luces y sombras que dan a esta obra un aspecto de absoluta modernidad.

Para esta obra, Goya realizó bocetos de diez de los personajes. El Museo del Prado conserva cinco de ellos: el del infante Carlos María Isidro, el niño de la izquierda, tras el que se encuentra el bastidor de Goya; el de la infanta María Josefa, la anciana con una peca en la sien, hermana soltera de Carlos IV, que asoma la cabeza entre las figuras de la izquierda; el del infante Antonio Pascual, también hermano de Carlos IV, cuya cabeza asoma por detrás del monarca; el de Luis de Borbón, príncipe de Parma, que aparece junto a su esposa, María Luisa Josefina, hija de Carlos IV, que sostiene en brazos al hijo de ambos; y el del infante Francisco de Paula Antonio, el hijo menor de los reyes, sujeto de la mano de María Luisa y al lado de Carlos IV.

Del resto de los estudios hay escasas noticias, pues al parecer cuatro de los catalogados por Gassier y Wilson se suponen copias de Agustín Esteve. Se cree que los que no pertenecen al Prado estuvieron en el palacio de San Telmo de Sevilla, pero sólo se han encontrado pistas de los bocetos de la infanta María Luisa de Parma y de su hijo.

La condesa de Chinchón

María Teresa de Borbón y Vallabriga, hija del infante don Luis, permaneció en el convento de San Clemente de Toledo desde la muerte de su padre en 1785, fecha en que ella y sus hermanos fueron separados de su madre hasta 1797, cuando contrajo matrimonio con Manuel Godoy, el favorito de la reina. Este enlace suponía su rehabilitación y la de sus hermanos, a todos los cuales les fue permitido volver a utilizar su apellido, Borbón, y la iba a convertir en la segunda dama más importante del país, después de la reina.

El retrato de Goya, seguramente hecho a petición de Godoy, fue realizado a los tres años de su matrimonio, cuando se encontraba esperando su primer hijo, la infanta Carlota, que sería educada con afecto maternal por la reina María Luisa. La corona de espigas que lleva en la cabeza simboliza su fecundidad.

Goya hizo con ella el mejor de sus retratos, su obra cumbre en este género, reflejando con una sensibilidad exquisita la timidez y dulzura de esta futura madre, aquella niña cuya biografía conocía a la perfección, y que manifiesta de adulta una expresión de soledad y abandono que el intuitivo artista ha sabido captar y comunicar al situarla en una estancia explícitamente vacía.

La condesa no había sido muy feliz, y tampoco lo era en el momento de ser retratada. Su marido no la trataba con gran respeto, algo que escandalizó profundamente a Jovellanos cuando, invitado a una cena por Godoy, comprobó que éste se sentaba flanqueado por su esposa, a un lado, con la que había sido obligado a casarse por la reina, y su amante, Pepita Tudó, a la que amó con un «afecto que daba indicios de durar toda la vida», como describió el escritor Blanco White, al otro.

Tras la caída de Godoy, la condesa buscó refugio en Toledo, al lado de su hermano, el cardenal Luis María de Borbón, con quien permaneció hasta el retorno de Fernando VII tras la Guerra de la Independencia, momento en que se exilió en Francia por disconformidad con la política del hijo de Carlos IV.

LA CONDESA DE CHINCHÓN
1800. Óleo sobre lienzo, 216 x 144 cm
Museo del Prado, Madrid

La industria

La industria

Hacia 1801-1805. Temple sobre lienzo, 227 cm Ø

Museo del Prado, Madrid

Junto con *La ciencia* (en paradero desconocido), forma el conjunto de tondos (cuadros de formato circular) pintados por Goya para el palacio madrileño de Godoy que se conservan en el Museo del Prado.

Las alegorías representadas constituían los ideales de la Ilustración respecto al trabajo y al progreso que requería España en su camino de modernización. El valido de Carlos IV situó estos temas en la entrada principal de su residencia oficial, renovada por estas fechas, con el evidente interés de que los visitantes asociaran su persona al espíritu reformador de su tiempo. Estas ideas acompañaron, por lo general, a todos los políticos y monarcas del siglo, pero alcanzaron su máxima difusión cuando proliferaron las sociedades de amigos del país.

La pintura al temple usada por Goya para realizar estos tondos suele emplearse como alternativa al fresco, pues permite cubrir grandes espacios y proporciona una textura parecida. Su ejecución fue llevada a cabo con grandes manchas de color para construir el espacio y las figuras, aunque permitiéndose el artista un mayor detenimiento en el detalle de los rostros, manos y otros elementos.

EL COMERCIO
Hacia 1801-1805. Temple sobre lienzo, 227 cm Ø
Museo del Prado, Madrid

LA AGRICULTURA
Hacia 1801-1805. Temple sobre lienzo, 227 cm Ø
Museo del Prado, Madrid

Teresa Luisa Sureda

El primer retrato de un industrial realizado por Goya se sitúa significativamente a comienzos del siglo XIX, cien años después de que se hubiera adoptado toda clase de iniciativas para fomentar la industrialización del país a imagen de lo que estaba ocurriendo en el extranjero.

El retrato que le hiciera Goya se inscribe en la línea de sus producciones de los benignos años de principios de siglo, en el que ya se ha producido un cambio evidente en las costumbres, a juzgar por el moderno atuendo, peinado y actitud del modelo, mucho más sobrios que los de los aristócratas del Antiguo Régimen.

La postura del personaje, ligeramente apoyado, mostrando el interior de su sombrero y con un brazo en la cintura, comunica su dinamismo y naturalidad, características similares a las que ofrece Goya en el retrato de la señora Sureda.

TERESA LUISA SUREDA
Hacia 1804-1806. Óleo sobre lienzo, 119,7 x 79,3 cm
National Gallery of Art, Washington

BARTOLOMÉ SUREDA
Hacia 1804-1806. Óleo sobre lienzo, 119,7 x 79,3 cm
National Gallery of Art, Washington

La marquesa de Santa Cruz

La marquesa de Santa Cruz
1805. Óleo sobre lienzo, 124,7 x 207,9 cm
Museo del Prado, Madrid

La belleza y originalidad de la composición de esta obra, con la modelo recostada en un diván y acompañada de elementos alegóricos, tuvieron que ser muy aplaudidas en la época, pues es el único retrato mencionado

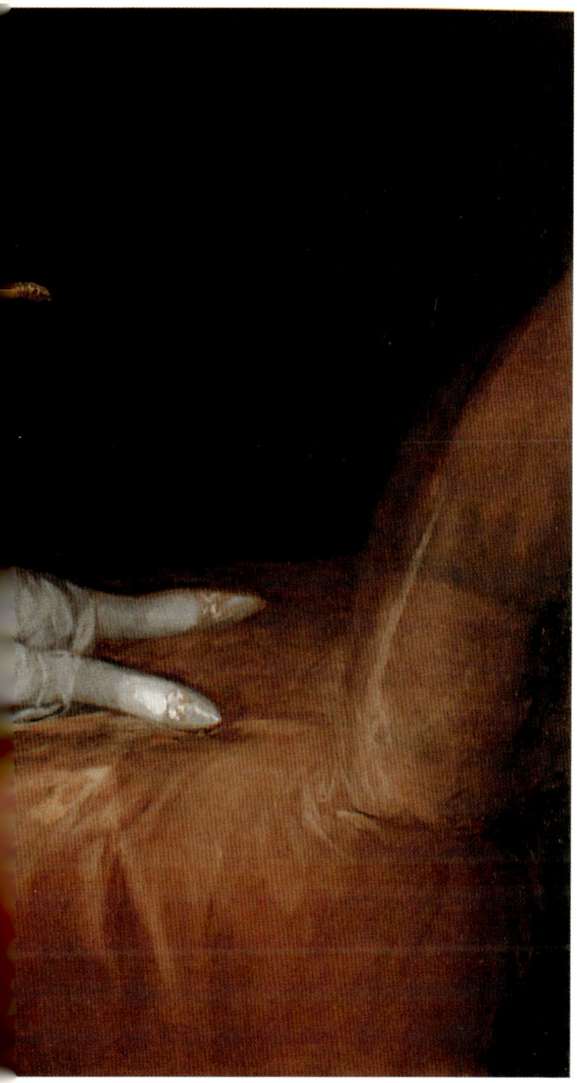

por el hijo de Goya en la biografía que hizo del pintor. No es extraño que el autor ensayara con esta marquesa, hija de sus mecenas, los duques de Osuna, una de sus más osadas propuestas de retrato. La estrecha relación que su familia mantuvo con las artes, igual que la de su marido –su suegro salvó de la quema los desnudos de la colección de Carlos IV y su marido fue el primer director del Museo del Prado– y ella misma, que abrió sus salones a las tertulias de poetas, intelectuales y músicos, igual que había hecho su madre, justifica que Goya la convirtiera en una musa, en una representación alegórica de la música, a la que sus padres fueron tan aficionados.

En una pose que ha recordado a los críticos a las majas del mismo autor, el colorido de esta pintura con carmines, púrpuras y malvas, además del aire que respira la composición, es otro de los débitos de este autor al que consideró su gran maestro, Velázquez, cuya obra *La Venus del espejo* evoca esta pintura de pinceladas largas y tan diluidas que parecen acuarelas.

Propiedad de los herederos de la marquesa de Santa Cruz, en 1941 el cuadro fue vendido a un coleccionista bilbaíno, cuyos herederos lo vendieron a su vez en 1983 por 25 millones de pesetas. La obra fue sacada de España ilegalmente y, cuando se conoció la noticia de que iba a ser subastada en la sala Christie's de Londres, el gobierno español llegó al acuerdo con las autoridades británicas de compensar al propietario con seis millones de dólares. Ingresó en el Museo del Prado en 1986.

Las majas en el balcón

Existen otras copias y versiones de estas majas, que se cree que pudieron formar parte de una serie de obras de género del autor, entre las que se incluyen *El lazarillo de Tormes* (col. particular, Madrid), *Las jóvenes* o *La carta* y *Las viejas* o *El tiempo*, ambas en el Museo de Bellas Artes de Lille.

Todas ellas fueron realizadas durante la Guerra de la Independencia, en un momento de escasez de encargos, por el gusto de su autor de reflejar circunstancias del momento y se relacionan por ello con las costumbres impuestas por la situación bélica.

De significado enigmático, en la línea temática de *Los caprichos*, algunos críticos han propuesto que se trate de dos jóvenes prostitutas, vigiladas por proxenetas, exhibiéndose en un balcón para tomar contacto con sus clientes.

Otros, sin embargo, prefieren pensar en dos aristócratas, debidamente protegidas por los hombres, acaso militares, y la reja, curioseando lo que ocurre en la calle.

En cualquier caso, es una obra de una gran belleza, realizada con la economía de medios característica de esta etapa del autor. Las gruesas y precisas pinceladas y la escueta aunque contrastada armonía cromática entre dos colores, el amarillo y el negro, matizados por toques rojizos en los rostros de las muchachas y otros aparentemente casuales en sus vestimentas, preludian la tendencia hacia los ocres y negros de la etapa más tenebrista del autor.

Esta obra, así como sus compañeras de serie, tuvieron gran influencia en pintores españoles del siglo XIX y en algunos impresionistas franceses.

LAS MAJAS EN EL BALCÓN
Hacia 1810-1812. Óleo sobre lienzo, 162 x 107 cm
Colección particular, Suiza

Los desastres de la guerra

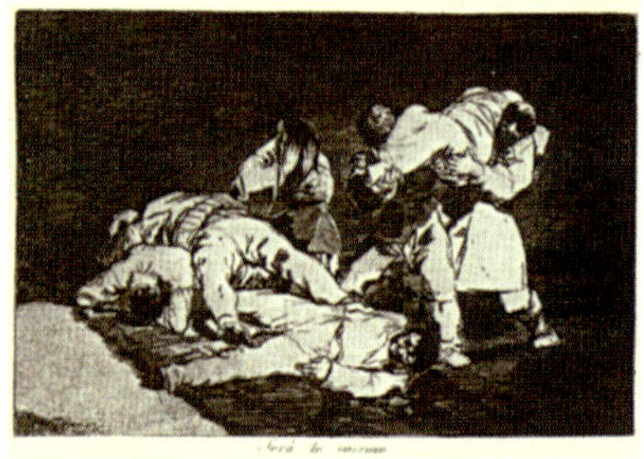

LOS DESASTRES DE LA GUERRA
Hacia 1810-1820. Aguafuertes
Número de planchas: 85
Calcografía Nacional, Madrid

Durante la Guerra de la Independencia, Goya retornó a los grabados para expresar las reflexiones que suscitaron en él los violentos acontecimientos que sacudieron España y que él no tuvo más remedio que presenciar.

Nada más producirse la insurrección contra los franceses en Madrid, el pintor fue llamado a Zaragoza por el general Palafox para que pusiera sus pinceles al servicio del patriotismo español encarnado allí por él. En efecto, el pintor viajó a su tierra pero, como en el resto de sus obras sobre la guerra, no mostró una percepción heroica acerca de ella.

Su visión estuvo tan alejada de la de sus contemporáneos, quienes por supuesto glorificaron todo tipo de hazañas y personajes, que se vio obligado a tapar con una capa de barniz los bocetos tomados en Zaragoza por temor a ser censurado por su causa. Los acontecimientos que presenció en Zaragoza y los que tuvo oportunidad de vivir a su vuelta a Madrid fueron la fuente de inspiración de esta nueva serie de grabados. Los realizó, por tanto, al margen de ningún encargo, fruto de la imperiosa necesidad que siempre tuvo de trasladar a imágenes sus peores experiencias y pesadillas, hasta el punto, en este caso, de que por la carencia de cobre producida durante la guerra se vio obligado a aprovechar planchas usadas y a utilizar materiales de mala calidad.

La distribución de las estampas, grabadas por Goya en un periodo indeterminado comprendido entre el comienzo de la guerra y unos años después de su finalización, sigue un orden cronológico que los críticos han distribuido en tres ciclos: escenas de guerra, hasta el D. 47; hambre en Madrid, desde el D. 48 hasta el D. 64; y, por último, los llamados *Caprichos enfáticos*, correspondientes al periodo constitucional y al retorno de Fernando VII.

El coloso

Asensio Juliá (atribuido a Goya hasta 2009)

El coloso

1812. Óleo sobre lienzo, 116 x 105 cm. Museo del Prado, Madrid

Hasta 2009 la autoría de este cuadro fue adjudicada por completo a Goya. Pero la localización de nuevos documentos y el descubrimiento de las iniciales A. J. en el ángulo inferior izquierdo, provocaron una investigación ante la seguridad de que el autor fuera Asensio Juliá, discípulo de Goya. Sin embargo, este cuadro estaba en posesión del pintor aragonés cuando murió.

El significado de este lienzo, uno de los más herméticos, se escapa a toda explicación. Se ha analizado teniendo en cuenta las fuentes literarias de la época, en función de la fascinación por la inquietante figura del gigante, pues pintó varios dibujos de la escultura clásica del *Hércules Farnesio*, y existen otras obras de él sobre el tema, como una estampa en que el gigante aparece de espaldas y sentado en el suelo.

Pero el simbolismo del coloso, las montañas, la multitud o el asno inmóvil en primer plano han proporcionado puntos de vista opuestos y creíbles simultáneamente.

Se ha indicado, por ejemplo, que el gigante sea la imagen del príncipe soberbio e ignorante, por lo que en este caso se identificaría con Fernando VII, pero también puede representar a Napoleón, que atemoriza con su fuerza a las masas que huyen despavoridas, o al héroe mitológico Hércules, que en la tradición española se asocia con la monarquía, por lo que simbolizaría la fuerza de ésta para levantarse contra la invasión.

Fueran cuales fuesen las fuentes, ya sean literarias o iconográficas, el resultado de esta obra es una visión aguda de la guerra y sus consecuencias, del horror que provoca y del lado oscuro de la condición humana que pone de manifiesto.

El autor se abstiene de idealizar lo militar o de exaltar el heroísmo o la grandeza de las batallas. Por el contrario, el signo bélico de los tiempos lo acercó aún más a los sufrimientos cotidianos de la gente, agravados en este caso por los males de la guerra.

El cuadro de *El coloso* fue adjudicado a Javier de Goya en el reparto de bienes tras la muerte de su madre en 1812. Más tarde formó parte de la colección de Pedro Fernández Durán, quien la legó al Museo del Prado en 1930 junto con otros cuadros de Goya.

El 2 de mayo de 1808 en Madrid

EL 2 DE MAYO DE 1808 EN MADRID: LA LUCHA CON LOS MAMELUCOS

1814. Óleo sobre lienzo, 268 x 347 cm

Museo del Prado, Madrid

Los cuatro episodios que se supone componían la serie de la sublevación madrileña frente a los invasores franceses en 1808 fueron el histórico levantamiento en el Palacio Real, ante el que se apostó la multitud enardecida para impedir que las tropas de Napoleón Bonaparte se llevaran a Francisco de Paula, el menor de los hijos de Carlos IV; la revuelta en la Puerta del Sol, al que correspondería *El 2 de mayo de 1808*; la defensa del parque de Artillería y, por último, los fusilamientos de la Moncloa, episodio que narra el cuadro *El 3 de mayo de 1808*.

Esta suposición está basada en la existencia de cuatro estampas de López de Enguídanos sobre estos acontecimientos, realizadas en 1813, que pudieron servir a Goya como fuente de las obras que conocemos, y cuya composición está extraída de ellas.

No obstante, de los dos episodios que faltan sobre el levantamiento no existe el menor dato ni documento alguno que pueda confirmar si alguna vez fueron llevados al lienzo por Francisco de Goya.

El primero de ellos se centra en la lucha cuerpo a cuerpo que tuvo lugar en la Puerta del Sol entre los españoles y los turcos que componían uno de los cuerpos de la Guardia Imperial. Los sublevados tenían como objetivo arrebatar los caballos a los mamelucos y servirse de ellos para continuar la lucha contra el resto de las tropas que Murat había desplegado por el territorio madrileño.

La riqueza de colorido y la distribución parabólica de la escena sorprenden tanto o más que el estilo abocetado de la obra y su acentuado dinamismo, de una expresividad tan lograda que casi se pueden oír los gritos, el ruido de sables y el repiqueteo de los cascos de los caballos por encima del silencio en el que, definitivamente, descansan los muertos.

Este cuadro destila un intenso movimiento apoyado en los brazos levantados en armas, los caballos encabritados y las expresiones de ferocidad de estos aguerridos soldados, protagonistas de la escena de muerte y sangre a la que Goya da vida en este cuadro.

El 3 de mayo de 1808 en Madrid

El episodio del día siguiente también tiene como referentes espaciales el cuartel del Prado Nuevo y el convento de María de Aragón, hoy desaparecidos, pero visibles desde esa montaña, cuya ubicación corresponde a la actual Plaza de España.

Uno de los fusilados es el padre Francisco Gallego y Dávila, el único religioso ejecutado. El piquete de ejecución está formado por guardias del batallón de Marineros de la Guardia Imperial, aunque el uniforme fue simplificado por Goya y cuyo anonimato, garantizado por la vista lateral y la posición de las cabezas gachas, en el acto de apuntar no disminuye la crueldad del crimen. Las víctimas, presas del pánico, se tapan los ojos o miran de reojo a sus verdugos.

De un crudo expresionismo, esta obra sorprende por la modernidad de su concepción. Ejecutada a golpes rápidos y precisos de pincel, y con una limitada pero magnífica gama cromática, la tragedia narrada alcanza un grado de tensión dramática difícilmente igualable.

El 3 de mayo de 1808 en Madrid: los fusilamientos en la montaña del Príncipe Pío
1814. Óleo sobre lienzo, 268 x 347 cm
Museo del Prado, Madrid

Fernando VII con manto real

FERNANDO VII
CON MANTO REAL
Hacia 1815. Óleo sobre
lienzo, 206 x 143 cm
Museo del Prado, Madrid

En dos sesiones, que completaron un total de hora y media, Goya tomó los apuntes para un retrato ecuestre del monarca que le encargara en 1808 la Real Academia de Bellas Artes de San Fernando.

Nunca más posó Fernando VII para el pintor, por lo que en todos los retratos que le hizo después de la Guerra de la Independencia, extraídos de aquel boceto, el rey presenta un aspecto similar y una postura casi idéntica.

Fernando VII en un campamento, no obstante, fue el resultado del encargo que le hiciera Francisco Javier Mariátegui, arquitecto mayor del Ayuntamiento de Madrid y capitán general del Real Cuerpo de Ingenieros, padre de la que sería la mujer de Mariano, el nieto de Goya. En este retrato, realizado tras el retorno de

Fernando VII en un campamento

FERNANDO VII EN UN CAMPAMENTO
1814. Óleo sobre lienzo, 207 x 140 cm
Museo del Prado, Madrid

Fernando VII de su exilio en Francia, el monarca aparece situado en un escenario de batalla, una mera ilusión, pues no tuvo participación alguna en la guerra.

Personaje y paisaje comparten protagonismo, algo bastante inusual en los retratos de Goya, que por lo general colocaba la figura del modelo en un fondo impreciso. En la inclusión de este escenario, más que por la apariencia del monarca, rayana en lo grotesco, se cifra la posible caricatura que de él hiciera el pintor. El retrato *Fernando VII con manto real*, considerado por algunos expertos una copia del que se conserva en el Canal Imperial de Aragón, es de menor calidad y no se reconoce en él la diestra pincelada de Goya. El rey aparece con los atributos de su cargo, el manto real y el bastón de mando. Lleva también la banda de Carlos III y el Toisón de Oro.

La tauromaquia

El 28 de octubre de 1816 se publicaba en el *Diario de Madrid* el anuncio de la venta de la colección de estampas realizadas por Goya sobre el arte del toreo. La colección completa, compuesta inicialmente por 33 estampas, se vendía a 300 reales y cada estampa suelta a 10. Posteriormente se le añadieron los grabados que Goya había desechado y que se encontraban en el reverso de siete de las láminas de cobre.

Estilísticamente se han distinguido dos etapas: la primera, en la que se agrupan las figuras de pequeño tamaño y abunda en detalles narrativos; y la segunda, en que Goya suprime lo anecdótico para concentrarse en la acción entre el toro y el torero, insinuando apenas la presencia de barreras y del público asistente al espectáculo.

Pero el complejo tratamiento que Goya dio al tema le restó popularidad, a pesar de que *La tauromaquia* se convirtió en su colección de estampas más divulgada y alcanzó un éxito notable en Francia.

LA TAUROMAQUIA
1814-1816. Aguafuertes
Número de planchas: 40
Calcografía Nacional, Madrid

Los disparates

Se conocen hasta 22 estampas de esta serie, pero no todas las láminas siguieron el mismo camino. Las planchas de cuatro de ellas, tituladas *Disparates adicionales*, se conservan en Francia, en colecciones particulares. La serie se considera la más perfecta del autor en cuanto a técnica y la más enigmática respecto a su contenido. Tampoco reparó en gastos, pues le dedicó planchas de extremada calidad –las mismas que usara para *La tauromaquia*–, aunque era de prever que no alcanzaran gran éxito comercial dado su insondable contenido.

El absurdo que les da nombre, plasmado en figuras y situaciones grotescas, hace que todos ellos comuniquen una sensación de horror, pues remiten a un mundo surgido una vez más de las visiones y pesadillas que acompañaron a su autor en los años desesperados de la guerra y en la oscurantista etapa consiguiente que protagonizó el reinado de Fernando VII.

LOS DISPARATES
1819-1823. Aguafuertes.
Número de planchas: 18
Calcografía Nacional, Madrid

Pinturas negras

Durante su reclusión en la «Quinta del Sordo», la finca que comprara Goya en las afueras de Madrid, en la que vivió hasta que se exilió en Burdeos, el pintor realizó una serie de catorce pinturas, sus famosas *Pinturas negras*, en dos de las habitaciones de la casa, aprovechando otras precedentes, colocadas allí por los anteriores propietarios o quizá trazadas por su propia mano y que acaso influyeran en el desarrollo de la serie. Tanto la temática como la técnica permiten percibir el estado de ánimo del pintor durante la etapa más oscura de su vida.

Años después de que la finca fuera vendida por su nieto, las pinturas fueron arrancadas de las paredes y conservadas en lienzo. Los desperfectos sufridos con el transcurso del tiempo y los derivados del proceso de extracción modificaron el aspecto original de estas pinturas, que los expertos han tratado de descubrir comparando estampas, fotografías, testimonios de la época y practicando radiografías. Aunque se han descubierto algunos trazos procedentes del pincel del pintor, es probable que otros muchos se hayan perdido para siempre.

PINTURAS NEGRAS

1820-1823

14 pinturas murales al óleo trasladadas a lienzo

Museo del Prado, Madrid

DUELO A GARROTAZOS (IZQUIERDA)

125,1 x 261 cm

DOS MUJERES Y UN HOMBRE (DERECHA)

125 x 65,5 cm

La pintura que parece articular la serie del comedor, situado en la planta baja de la «Quinta del Sordo», es *Saturno devorando a un hijo* (143,5 x 81,4 cm), de acuerdo con las referencias mitológicas propuestas por Diego Angulo Íñiguez, según las cuales este dios simboliza la melancolía, la reunión de brujas y el triunfo de la noche.

La identificación política de *Asmodea* o *El aquelarre* (127 x 263 cm) sugiere que esta pintura representa el

ASMODEA O EL AQUELARRE
127 x 263 cm

LAS PARCAS
123 x 266 cm

peñón de Gibraltar, refugio de los liberales desde la restauración del régimen absolutista de Fernando VII hasta 1820, pero también se han apuntado significados mitológicos acordes con su denominación.

SATURNO DEVORANDO A UN HIJO
143,5 x 81,4 cm

Toros en Burdeos

Toros en Burdeos

1825. Litografías. Número de planchas: 4. Museo de Huesca

Goya aprendió la técnica de la litografía a partir de 1819 con el litógrafo José María Cardano, cuando éste era aún un principiante que no había tenido tiempo de montar su establecimiento –después sería nombrado litógrafo real– y fue el primer pintor en interesarse por ella. Con el impresor Gaulon, en Burdeos, el artista mejoró su técnica, que puso en práctica en sus litografías *El vito, El duelo, Retrato de Gaulon* y las cuatro sobre toros que componen esta serie: *El famoso americano Mariano Ceballos* (arriba), *Bravo toro, Diversión de España* y *Plaza partida* (de arriba abajo en página siguiente), con las que consiguió efectos de luz y formas sorprendentes.

Algunos de estos temas taurinos, grabados con la intención de sacarles partido comercial, aunque fueron un fracaso, son versiones de las escenas pintadas en la serie *La tauromaquia*, pero contempladas con un renovado vigor expresivo.

TOROS EN BURDEOS

1825. Litografías

Número de planchas: 4

Museo de Huesca

La lechera de Burdeos

Considerada una de las últimas obras del pintor, representa la culminación de su trayectoria como autor, una pintura que engloba los aprendizajes de toda su vida y que se proyecta hacia el futuro al **anticipar movimientos pictóricos** como el impresionismo o el divisionismo que apuntan los trazos cortos y vibrantes con que modeló el personaje y la yuxtaposición de colores claros y luminosos que se pueden observar especialmente en el mantón que cubre a la lechera, donde leves trazos amarillos dan profundidad al color original.

La joven representada, tal vez Rosario, la hija que se cree tuvo el pintor con Leocadia Zorrilla, lleva un cántaro sobre el que está inscrito el nombre de Goya.

La pintura marca una ruptura estilística con la tenebrista etapa anterior, en la que predominaban los temas tétricos –como los de las *Pinturas negras*– plasmados en colores ocres y negros, y tendentes cada vez más a la monocromía del negro utilizada en sus últimos retratos.

En contraste, el colorido de suaves tonos azulados, iluminados de gruesas pinceladas blancas, es el mejor indicativo de la etapa de renovado optimismo atravesada por Goya en los últimos años de su vida, transcurridos en compañía de las amistades con las que compartió el exilio en Francia.

La imagen de esta lechera, acaso una de aquellas que pasaban a lomos de un asno bajo la ventana de Goya en su casa de Burdeos, fue trasladada al lienzo en un alarde de maestría: la sonrosada carnación de su rostro, la luz de sus cabellos, la transparencia del chal que le cubre los hombros y el fondo irreal sobre el que se recorta su figura, son algunas de las huellas de una pincelada genial.

LA LECHERA DE BURDEOS
1825-1827. Óleo sobre lienzo, 74 x 68 cm
Museo del Prado, Madrid

Anticipar movimientos pictóricos

Índice de láminas

Otros pintores

Bibliografía

ÁGUEDA, MERCEDES Y SALAS, XAVIER DE: *Francisco de Goya. Cartas a Martín Zapater.* Turner, Madrid, 1982.
AGUILERA, EMILIANO M.: *Las pinturas negras de Goya.* Ediciones Nuestra Raza, Madrid, 1935.
ALCALÁ FLECHA, ROBERTO: *Literatura e ideología en el arte de Goya. Diputación General de Aragón,* Zaragoza, 1988.
ANSÓN NAVARRO, ARTURO: *Goya y Aragón. Familia, amistades y encargos artísticos.* Caja de Ahorros de la Inmaculada de Aragón (CAI), Zaragoza, 1995.
ARIAS ANGLÉS, ENRIQUE: *Goya.* Debate, Madrid, 1996.
ARNAIZ, JOSÉ MANUEL: *Francisco de Goya. Cartones y tapices.* Espasa Calpe, Madrid, 1987.
BATICLE, JEANNINE: *Goya, de sangre y oro.* Aguilar, Madrid, 1989.
BELTRÁN, ANTONIO: *Goya en Zaragoza.* Octavio y Félez, Zaragoza, 1971.
BERUETE Y MORET, AURELIANO: *Goya, pintor de retratos.* M. Blass, Madrid, 1916.
BOZAL, VALERIANO: *Imagen de Goya.* Lumen, Madrid, 1983.
Goya y el gusto moderno. Alianza, Madrid, 1994.
CAMÓN AZNAR, JOSÉ: *«Los Disparates» de Goya y sus dibujos preparatorios.* Instituto Amatller de Arte Hispánico, Barcelona, 1951.
CRUZADA VILLAAMIL, GREGORIO: *Los tapices de Goya.* Imprenta M. Rivadeneyra, Madrid, 1870.
EZQUERRA DEL BAYO, JOAQUÍN: *La duquesa de Alba y Goya.* M. Blass, Madrid, 1928.
FAUQUE, JACQUES Y VILLANUEVA ECHEVERRÍA, RAMÓN: *Goya y Burdeos (1824-1828).* Ediciones Oroel, Zaragoza, 1982.
GASSIER, PIERRE Y WILSON, JULIET: *Dibujos de Goya. Los álbumes, estudios para grabados y pinturas.* Noguer y Caralt Editores, Barcelona, 1973.
GONZÁLEZ DE ZÁRATE, JESÚS MARÍA: *Goya, de lo bello a lo sublime.* Ephialte Ediciones, Vitoria, 1990.
GUDIOL, JOSÉ: *Goya 1746-1828: Biografía, estudio analítico y catálogo de sus pinturas.* 2 vols. Polígrafa, Barcelona, 1980.
HELMAN, EDITH: *Trasmundo de Goya.* Alianza, Madrid, 1983.
Jovellanos y Goya. Taurus, Madrid, 1970.
IGLESIAS FIGUEROA, FERNANDO: *Goya y la Inquisición.* Arte Hispánico, Madrid, 1929.
LAFUENTE FERRARI, ENRIQUE: *Goya. El dos de mayo y los fusilamientos.* Juventud, Barcelona, 1946.
LÓPEZ-REY, JOSÉ: *Goya y el mundo a su alrededor.* Editorial Sudamericana, Buenos Aires, 1947.
MORALES Y MARÍN, JOSÉ LUIS: *Goya, pintor religioso.* Diputación General de Aragón, Zaragoza, 1990.
ORTEGA Y GASSET, JOSÉ: *Goya.* Editorial Revista de Occidente, Madrid, 1966.
PANTORBA, BERNARDINO DE: *Goya. Ensayo biográfico y crítico.* Imprenta Zoila Ascasíbar, Madrid, 1928.
PÉREZ SÁNCHEZ, ALFONSO EMILIO: *Goya. Caprichos, Desastres, Tauromaquia, Disparates.* Fundación Juan March, Madrid, 1979.
PITA ANDRADE, JOSÉ MANUEL: *Goya. Obra, vida y sueños.* Sílex Ediciones, Madrid, 1989.
SALAS, XAVIER DE: *La familia de Carlos IV.* Juventud, Barcelona, 1944.
SAMBRICIO, VALENTÍN DE: *Tapices de Goya.* Patrimonio Nacional, Madrid, 1946.
SORIA, MARTÍN: *Agustín Esteve y Goya.* Institución Alfonso el Magnánimo, Valencia, 1957.
TOMLINSON, JANIS A.: *Goya en el crepúsculo del Siglo de las Luces.* Cátedra, Madrid, 1993.
TORRALBA SORIANO, FEDERICO: *Goya en Aragón.* Everest, León, 1977.
VIÑAZA, CONDE DE LA: *Goya. Su tiempo, su vida, sus obras.* Impresor de la Casa Real, Madrid, 1887.
WHYNDHAN LEWIS, D.: *El mundo de Goya.* Aguilar, Madrid, 1970.
WILLIAMS GWYN, A.: *Goya y la revolución imposible.* Icaria, Barcelona, 1978.